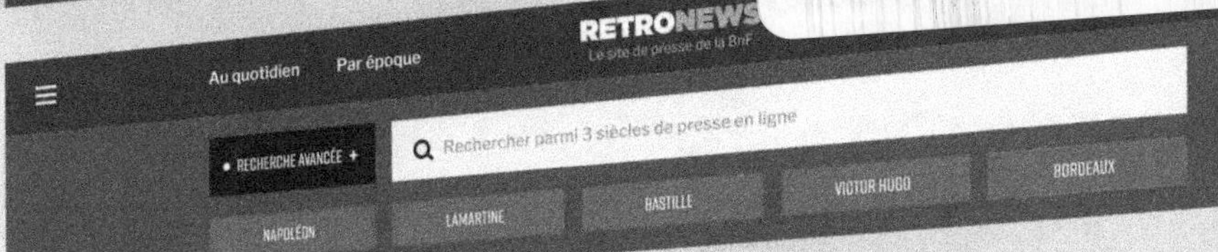

Découvrez l'histoire par les archives de presse

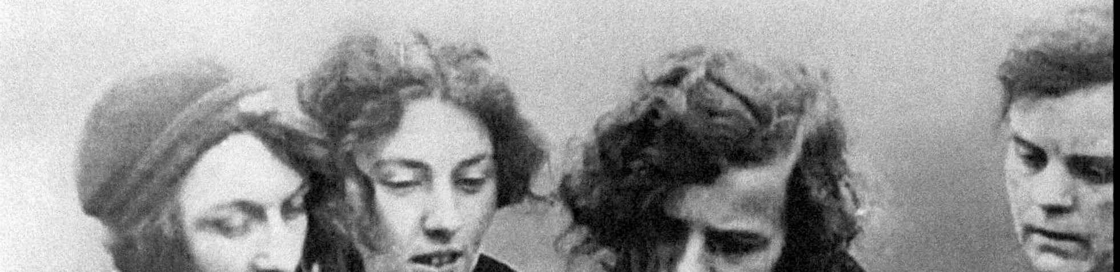

SOCIÉTÉ
D'HISTOIRE & D'ARCHÉOLOGIE
DE SENLIS

RECONNUE ÉTABLISSEMENT D'UTILITÉ PUBLIQUE

en 1877

COMPTES RENDUS ET MÉMOIRES

Cinquième Série

TOME IX — ANNÉES 1921-1922

SENLIS

IMPRIMERIES RÉUNIES

11, PLACE HENRI-IV

·M. DCCCC. XXIII

SOCIÉTÉ

D'HISTOIRE & D'ARCHÉOLOGIE

DE SENLIS

SOCIÉTÉ

D'HISTOIRE & D'ARCHÉOLOGIE

DE SENLIS

RECONNUE ÉTABLISSEMENT D'UTILITÉ PUBLIQUE

en 1877

COMPTES RENDUS ET MÉMOIRES

Cinquième Série

TOME IX — ANNÉES 1921-1922

SENLIS

IMPRIMERIES RÉUNIES

II, PLACE HENRI-IV

M. DCCCC. XXIII

1ᵉʳ JANVIER 1923

LISTE ALPHABÉTIQUE

DES MEMBRES

DE LA SOCIÉTÉ D'HISTOIRE ET D'ARCHÉOLOGIE
DE SENLIS

PRÉSIDENTS D'HONNEUR

Mgr le duc d'Aumale (feu), G. C. ✶, Général de division, membre de l'Académie française, de l'Académie des Beaux-Arts et de l'Académie des Sciences morales et politiques, président d'honneur de la Société des Bibliophiles françois, etc. — (Délibération du 14 décembre 1871.)

M. le maréchal Foch, G. C. ✶, membre de l'Académie française et de l'Académie des Sciences. — (Délibération du 9 janvier 1919).

PRÉSIDENT HONORAIRE

M. Longpérier-Grimoard (feu Alfred, comte de), membre de la Société des Bibliophiles françois, de la Société des Antiquaires de Picardie, etc. — (Délibération du 12 mai 1887.)

MEMBRES HONORAIRES

MM. Egger (feu Émile), O. ✶, membre de l'Institut (Académie des Inscriptions et Belles-Lettres), professeur à la Faculté des Lettres de Paris, etc. — (Délibérations des 13 décembre 1866 et 13 janvier 1887.)

Longpérier (feu Adrien de), C. ✶, membre de l'Institut (Académie des Inscriptions et Belles-Lettres), ex-conservateur des Musées de France, etc. — (Délibérations des 13 décembre 1866 et 9 février 1882.)

Chabouillet (feu Anatole), O. ✶, I. ◉, conservateur du département des Médailles et Antiques de la Bibliothèque nationale, vice-président de la Section d'archéologie du Comité des travaux historiques et des Sociétés savantes. — (Délibération du 13 avril 1877.)

Montaiglon (feu Anatole de), ✶, I. ◉, professeur à l'école des Chartes. — (Délibération du 13 avril 1877.)

Moreau (feu Frédéric), O. ✶, I. ◉, archéologue, de Fère-en-Tardenois. — (Délibération du 3 mars 1883.)

Mgr Douais (feu), évêque de Beauvais, Noyon et Senlis. — (Délibération du 5 avril 1900.)

MEMBRES FONDATEURS PERPÉTUELS

MM. Voillemier (feu le Dʳ J.-B.), ✳, premier président du
Comité archéologique. — (Délibération du 11 avril 1865.)

Magne (feu l'abbé J.-L.-F.), second président du Comité
archéologique. — (Délibération du 14 mai 1868.)

Chartier (feu Victor), ✳, notaire honoraire, ancien maire
de Senlis. — (Délibération du 17 juin 1868.)

Vatin (feu Liber-Casimir), ✳, président honoraire du
Tribunal civil de Senlis, etc., etc. — (Délibération du
13 juin 1872.)

Vernois (feu Eugène-Félix-Maxime), avocat, ancien
maire provisoire de Senlis, président de diverses
Sociétés locales, etc. — (Délibération du 8 juillet 1888.)

MEMBRES PERPÉTUELS

Mᵐᵉˢ André (Édouard) (feu), propriétaire du château de Chaâlis.

Rothschild (baronne James de), ✳, ◗, château des
Fontaines, à Gouvieux, et 42, avenue Friedland, Paris.

MM. Bailly (feu Victor), O. ✳, officier supérieur en retraite,
commissaire du Gouvernement près le 2ᵉ Conseil de
guerre.

Cambacérès (feu comte de), 6, avenue d'Iéna, Paris.

Chartier (feu Auguste), ancien président du Tribunal de
Péronne, ancien conservateur-adjoint du Comité.

Cultru (feu Prosper-Émile), secrétaire de la Mairie et
bibliothécaire de la ville de Senlis, conseiller municipal,
vice-secrétaire du Comité.

Decaux (feu Paul), route de Compiègne, Senlis.

Dru (feu Louis-Victor-Edmond), O. ✳, propriétaire du
château de Vez.

Dupuis (feu Ernest), ✳, membre du Conseil général de
l'Oise, président du Comité.

Frémy (feu Théophile), ancien magistrat.

Gazeau (Eugène), notaire à Senlis.

Hurdebourg (Eugène), 27, rue de Maubeuge, Paris, et à
Saint-Maximin (Oise).

La Perche (feu Stanislas).

Lasteyrie (comte Charles de), ✳, 4, rue Bayard, Paris.

Lucas-Championnière (feu le Dʳ Just), O. ✳, membre
de l'Académie des Sciences.

MM. Linzeler (Jean), « La Nonette », Saint-Firmin (Oise), et 120, rue du Bac, Paris.

Luppé (Pierre-Louis-François, marquis de), ✻, château de Beaurepaire, et 29, rue Barbet-de-Jouy, Paris.

Luppé (comte de), château de Beaurepaire, et 19, avenue d'Eylau, Paris.

Murat (prince Alexandre), Chambly (Oise).

Nollet (Dr), 3, rue de Versailles, Bougival (Seine-et-Oise).

Noussanne (Henri Rossignol de), publiciste, 6, rue Thomas-Couture, Senlis.

Odent (feu Eugène), maire de Senlis.

Paisant (Marcel), secrétaire d'ambassade honoraire, sous-directeur de la Compagnie française des mines d'or de l'Afrique du Sud, 7, rue Pasquier, Paris.

Patte (feu Henri), ✻, notaire honoraire, à Paris.

Poiret (Frédéric), ✻, avenue d'Aumale, Chantilly, et 2, rue Marbeuf, Paris.

Ribes (comte de), ✻, château de Saint-Just, par Bornel (Oise), et 50, rue de la Bienfaisance, Paris.

Rœderer (le comte), 5, rue Freycinet, Paris.

Touflet (M.), 4, rue du Pavillon, Boulogne-sur-Seine.

Tremblot (Jean), 97, boulevard Saint-Michel, Paris.

Vatin (feu Eugène), Juge de paix honoraire, Conservateur du Comité, Senlis.

Vincent (feu André), notaire à Paris.

Volbertal (Henri), 9, rue Théogène-Bouffart, Fécamp (Seine-Inférieure).

Wallon (feu Louis), propriétaire à Apremont.

MEMBRES AUXILIAIRES

MM. Couard, I. ✪, archiviste-paléographe, correspondant du Ministère de l'Instruction publique, à Versailles, rue de la Pompe, 45.

Guégan (Paul), membre de la Société archéologique de Rambouillet, à Saint-Germain-en-Laye (Seine-et-Oise).

Lecomte (Maurice), membre de la Société d'histoire et de géographie de Provins, à Donnemarie-en-Montois (Seine-et-Marne).

Plessier (L.), conducteur de 1re classe des Ponts et Chaussées, à Compiègne.

REYNOLDS (Dr Elmer-R.), Depart. of Interior, Washington (U.-S.-A.).
THOMAS (Félix), à Bray-Rully.

MEMBRES ASSOCIÉS

MM. LEDOUX fils, Acy-en-Multien.
QUIGNON (Hector), ✪, professeur au Lycée de Beauvais.

N^{os} d'Ordre	Noms, Prénoms, Qualités, Professions et demeures des Membres	Dates de réception
1	Abrand (Paul), 13, place Henri-IV, Senlis	8 juillet 1920
2	Abrand (Mme Paul), 13, place Henri-IV, Senlis	14 décembre 1922
3	Amic (Henri), ✳, les Bouleaux, à Gouvieux, et 13, rue de Phalsbourg, Paris, 17^e	14 juin 1917
4	Archiac (comte Étienne d'), ✳, à Villers-Saint-Paul, par Nogent-sur-Oise, et 46, rue Miromesnil, Paris, 8^e	11 octobre 1877
5	Arnaud de l'Ariège (Joseph), ✳, Champ-d'Alouettes, à Gouvieux, et 30, rue de Buzenval, Boulogne-sur-Seine (Seine), et 4, rue Christophe-Colomb, Paris	9 mars 1905
6	Aubert (Marcel), conservateur-adjoint du Musée du Louvre, 8, cité Vaneau, Paris, 7^e	13 juin 1907
7	Audigier (Georges), ancien député de l'Oise, 54, boulevard Emile Augier, Paris, 16^e	8 juin 1899
8	Bacot (Joseph), agent de change, à Nanteuil-le-Haudouin, et 13, rue Lafayette, Paris, 9^e	8 novembre 1906
9	Balfourier (général), G. O. ✳, Mont-de-Pô, Gouvieux, et 49 bis, avenue de Villiers, Paris, 17^e	9 décembre 1920
10	Barré (Carolus), 2, boulevard Emile-Augier, Paris, 16^e	13 juillet 1922
11	Baudrier (Mme), Aumont, par Senlis, et 83, avenue Malakoff, Paris 16^e	13 juillet 1922
	Beaudry (l'abbé Amédée), ◐, 3, rue de l'Ecole-du-Chant, Beauvais	14 mars 1907
12	Beaufort (le lieut^t-colonel de cavalerie en retraite de), ✳, 103, avenue de le Marne, Asnières (Seine), et chalet de Varenne, Salbris (Loir-et-Cher)	19 février 1899
13	Belloy (Mme de), à Rosoy-en-Multien, par Acy-en-Multien	10 novembre 1904
14	Benard (Dr René), à Apremont, par Chantilly, et 47 bis, boulevard des Invalides, Paris, 7^e	9 novembre 1922
15	Benoist (Paul), 119, rue de la Tour, Paris, 16e, et Longuesse, par Vigny (Seine-et-Oise)	
16	Bernard (Henri), architecte, 23, rue des Cordeliers, Compiègne	12 février 1885

Nᵒˢ d'Ordre	Nom, Prénoms, Qualités, Professions et demeures des Membres	Dates de réception
17	BERTHAUT (Mᵐᵉ), 30, avenue du Président-Wilson, Paris, 16ᵉ..........	12 février 1914
18	BIED-CHARRETON (Gaston), à Fleurines, par Pont-Sainte-Maxence..........	14 novembre 1907
19	BILLY (Robert DE), ✿, avocat à la Cour d'appel, 6, rue Robert-Estienne, Paris, 8ᵉ, et 22, rue du Plessis, Creil.......	8 décembre 1921
20	BOCQUENTIN (Paul), à Laversine, par Creil.................	11 juin 1901
21	BOLLAERT (Félix), O. ✿, 8, rue d'Aumale, Chantilly, et 27, quai d'Orsay, Paris, 7ᵉ..................	9 décembre 1920
22	BOMPARD (Raoul), ✿, conseiller à la Cour d'appel. Aumont, et 7, boulevard Beauséjour, Paris, 16ᵉ...............	21 janvier 1915
23	BONNAULT D'HOUET (baron Xavier DE), place du Château, Compiègne....	10 janvier 1901
24	BOUCHET (Geslin), 40, avenue de la Gare, Chantilly................	2 mai 1918
25	BOULENGER (Marcel), ✿, 71, rue du Connétable, Chantilly.............	9 juin 1921
26	BOULET (Paul), 16, rue Carnot, Senlis...	14 décembre 1905
27	BOUTANQUOI (Olivier), Vineuil-Saint-Firmin (Oise)................	9 février 1922
28	BROGLIE (prince François DE), O. ✿, Lamorlaye, et 41, rue de la Bienfaisance, Paris, 8ᵉ...............	10 décembre 1903
29	BROSSARD (Berthe DE CAIX DE SAINT-AYMOUR, comtesse DE), 15, rue Saint-Didier, Paris, 16ᵉ............	9 février 1922
30	BRUMEAUX (Adonis), 10, rue Margueritte, Paris, 17ᵉ..............	8 juillet 1909
31	BURNAND (Robert), archiviste-paléographe, 3, rue Gay-Lussac, Paris, 5ᵉ.....	10 mars 1921
32	CAIX DE SAINT-AYMOUR (comte Robert DE), ✿, 15, av. de Tourville, Paris, 7ᵉ.	8 décembre 1921
33	CALIPÉ (Georges), ✿, Vineuil-Saint-Firmin, et 14, rue Moncey, Paris, 9ᵉ.....	9 novembre 1905
34	CAVILLON (l'abbé), secrétaire de la Société, aumônier de l'Hôpital Général, Senlis................	8 juillet 1897
35	CHASTAING (Lucien), avoué à Senlis....	11 mars 1920
36	CHASTEL (Dʳ André), 6, rue Thomas-Couture, Senlis..............	7 juillet 1910
37	CORBIE (Ernest), à Nanteuil-le-Haudouin.	5 décembre 1862
38	CORBIE (Marie-Ernest), 29, avenue du Maréchal-Foch, Senlis............	9 avril 1908

N^{os} d'Ordre	Noms, Prénoms, Qualités, Professions et demeures des Membres	Dates de réception
39	COULOMBIERS (comte DE), la Victoire, par Senlis, et 15, rue Saint-Dominique, Paris, 7^e	10 novembre 1921
40	CUEL (commandant Fernand), ✳, à Crépy-en-Valois	11 juin 1914
41	DEBACQ (Léon), 77, rue du Connétable, Chantilly	8 mai 1879
42	DELPEUCH (M. l'abbé), vicaire-général honoraire, aumônier de l'Hospice Condé, Chantilly	12 juin 1919
43	DERVAUX (Albert), le Regard, Coye	12 mai 1921
44	DESAUBLIAUX (M.), 31, avenue du Maréchal-Foch, Senlis, et 11, rue Bayard, Paris, 8^e	8 décembre 1921
45	DORBON (Louis), libraire, 19, boulevard Haussmann, Paris, 9^e	13 juin 1907
46	DORIA (François, comte), château d'Orrouy, et 18, rue Gaudot-de-Mauroy, Paris, 9^e	11 juin 1896
47	DORIA (Arnauld, comte), château d'Ognon, et 23, avenue d'Iéna, Paris, 16^e	10 novembre 1921
48	DORIA (Mme la comtesse Arnauld), château d'Ognon, et 23, avenue d'Iéna, Paris, 16^e	9 novembre 1922
49	DORMEUIL (M.), château de Bellefontaine, Senlis, et 4, rue Vivienne, Paris, 1er	9 décembre 1920
50	DOURLENT (Mgr Louis), curé-archiprêtre de Senlis	11 février 1898
51	DUFRESNE (Eugène), conservateur-adjoint de la bibliothèque de la Société, 4, rue du Puits-Tiphaine, Senlis	11 avril 1889
52	DUGAS (Ernest), 33, rue du Connétable, Chantilly	13 janvier 1921
53	DUPLAQUET (Charles), ✳, administrateur du Domaine de Chantilly, 17, rue du Connétable, à Chantilly	9 novembre 1899
54	EPENOUX (Mme D'), rue Sainte-Geneviève, Senlis	20 avril 1922
55	ESCAVY (Louis), ✳, avoué, maire de Senlis, 7, rue de Villevert, Senlis	12 décembre 1918
56	FANART (Maurice), 9, rue de Bagneux, Paris, 6^e	10 avril 1913
57	FAUTRAT (Léon), ✳, président de la Société, Senlis	8 août 1867
58	FAUTRAT (Georges), rue Bellon, Senlis	11 janvier 1912

Nos d'Ordre	Noms, Prénoms, Qualités, Professions et demeures des Membres	Dates de réception
59	FLEURY (Gustave), le Taillis des Aigles, Chantilly....................................	10 novembre 1904
60	GALLÉ (M. et Mme), château de l'Isle, à Creil	9 février 1922
61	GAZEAU (Eugène), notaire à Senlis.....	10 mars 1910
62	GENTIL-DUGIED (Bertrand), 27, rue du Connétable, Chantilly...............	10 juillet 1913
63	GEORGES-PICOT (Louise TURQUET, Mme Pierre), Avilly-St-Léonard, par Senlis.	9 mai 1919
64	GILLET (Louis), ✳, conservateur du château de Chaâlis, par Ermenonville....	10 octobre 1912
65	GIRARD (Henry), Bertrand-Fosse, Plailly.	10 mai 1906
66	GOSSELIN (Paul), conservateur du musée de la Société, 14, rue Saint-Yves-à-l'Argent, Senlis....................	13 mars 1890
67	GUIBOURG (Robert), 75, rue de Courcelles, Paris, 8e........................	18 octobre 1917
68	GUILLEMINOT (René), ✳, route de Creil, Chantilly............................	18 octobre 1917
69	GUILLEMOT (Etienne), archiviste aux Archives Nationales, 55, rue du Connétable, Chantilly, et 13, quai de Montebello, Paris, 5e....................	8 février 1900
70	GUILLOT (Paul), avocat à la Cour d'appel, maire de Pontarmé, par La Chapelle-en-Serval, et 5, rue Frédéric-Bastiat, Paris, 8e....................	9 mai 1901
71	GUILLOT-DUPUIS (Mme Paul), à Pontarmé, par La Chapelle-en-Serval, et 5, rue Frédéric-Bastiat, Paris, 8e....	18 octobre 1917
72	HALLO (Charles), rue Saint-Yves-à-l'Argent, Senlis	10 novembre 1921
73	HALPHEN (Mme Fernand), château de La Chapelle-en-Serval, et 51, rue Dumont-d'Urville, Paris, 16e..........	18 octobre 1917
74	HENRIOT (Pierre), O. ✳, lieut.-colonel en retraite, à St-Nicolas, près Senlis....	14 novembre 1907
75	HURDEBOURG (Eugène), Saint-Maximin, et 27, rue de Maubeuge, Paris, 9e....	9 juin 1898
76	INSTITUTION SAINT-VINCENT, Senlis...	1862
77	JOUBERT (Jean), O. ✳, Vineuil-Saint-Firmin, et 23, rue Balzac, Paris, 8e...	9 novembre 1911
78	KULP (Jacques-Frédéric), château de Valgenseuse, Senlis, et 66, rue Pergolèse, Paris, 16e	13 juin 1895

N^{os} d'Ordre	Noms, Prénoms, Qualités, Professions et demeures des Membres	Dates de réception
79	La Bédoyère (comte de), château de Raray, par Rully..................	9 juillet 1891
80	Langlois (M.), notaire à Senlis........	10 juillet 1913
81	La Perche (Mme Paul), Compiègne, et 37, rue Jean-Goujon, Paris, 8e.....	11 mai 1886
82	Laporte (Mme Robert de), 24, rue du Moulin-Saint-Rieul, Senlis..........	11 décembre 1919
83	Lasteyrie (comte Charles de), ✳, 4, rue Bayard, Paris, 8e...............	8 décembre 1910
84	Latour, route de Creil, Senlis, et villa Sainte-Elisabeth, boulevard du Prince-de-Galles, Nice....................	14 décembre 1922
85	Laurain (Ernest), ✿, archiviste départemental, à Laval (Mayenne)	12 octobre 1899
86	Lefèvre-Pontalis (Eugène), ✳, I. ✿, professeur à l'Ecole des Chartes, direct^r de la Société française d'Archéologie, 13, rue de Phalsbourg, Paris, 17e..	21 mai 1885
87	Linzeler (Jean), la Nonette, Saint-Firmin, et 120, rue du Bac, Paris, 7e.	10 novembre 1921
88	Loir (Charles-Modeste), ✿, instituteur en retraite, 22, rue Grandville, Nancy (Meurthe-et-Moselle)...............	11 avril 1907
89	Louat (Félix), notaire à Senlis, trésorier de la Société	10 février 1910
90	Luppé (marquis Pierre-Louis-François de), ✳, château de Beaurepaire, par Pont-Sainte-Maxence, et 29, rue Barbet-de-Jouy, Paris, 7e...............	11 décembre 1892
91	Luppé (Albertine de Broglie, marquise de), mêmes adresses...............	11 décembre 1892
92	Luppé (comte de), château de Beaurepaire, par Pont-Sainte-Maxence, et 19, avenue d'Eylau, Paris, 16e........	9 décembre 1920
93	Macon (Gustave), ✳, vice-président de la Société, conservateur-adjoint du Musée Condé, à Chantilly..........	4 mai 1899
94	Mancheron (Mlle Louise), rue des Cordeliers, Senlis....................	12 mai 1921
95	Mareuse (Edgard), I. ✿, membre des Commissions des Inscriptions parisiennes et du Vieux-Paris, 81, boulevard Haussmann, Paris, 8e.........	19 juillet 1894
96	Maricourt (baron André de), vice-président de la Société, place Lavarande, Senlis......................	9 juillet 1896

Nos d'Ordre	Noms, Prénoms, Qualités, Professions et demeures des Membres	Dates de réception
97	MARICOURT (comte DE), consul général, rue de Beauvais, Senlis	10 mars 1921
98	MARTIGNAC (Etienne DEGRANGE TOUZIN DE), ✳, directeur de la Société Générale, Senlis	8 juillet 1920
99	MASSON (Charles), architecte-paysagiste à la Chaussée, Gouvieux	14 avril 1910
100	MAUBOUSSIN (Georges), 29, avenue Victor-Emmanuel, Paris, 8e	8 décembre 1921
101	MEISTER (l'abbé Louis-Antoine), curé-doyen de Grandvilliers	4 mai 1893
102	MERCIER (Victor), O. ✳, conseiller à la Cour de cassation, rue de Meaux, Senlis, et 77, rue Miromesnil, Paris, 8e	11 juillet 1872
103	MEYRONNET DE SAINT-MARC (baron DE) ✳, maire de Mortefontaine, et 14, avenue Pierre 1er de Serbie, Paris, 16e	12 février 1920
104	MICHON-COSTER (baron Joseph), 1, square du Roule, Paris, 8e	8 novembre 1888
105	MOQUET (Lucien), à Vineuil-Saint-Firmin	12 mars 1908
106	MOTEL (Georges), à La Chapelle-en-Serval, et 22, place Malesherbes, Paris, 17e	10 novembre 1904
107	MURAT (S. A. le prince Alexandre), Chambly	8 avril 1920
108	MUSÉE CONDÉ (le), château de Chantilly.	4 mai 1899
109	NOLLET (Docteur), 1, rue de Versailles, Bougival (Seine-et-Oise)	9 novembre 1922
110	NOUSSANNE (Henri ROSSIGNOL DE), 6, rue Thomas-Couture, Senlis	12 décembre 1918
111	ODENT (Mme Eugène), faubourg Saint-Martin, Senlis	18 octobre 1917
112	ODENT (Joseph), villa Malgenest, Le Vésinet (Seine-et-Oise)	8 juillet 1886
113	PAISANT (Albert), président honoraire du Tribunal de Senlis, à Senlis	10 juin 1886
114	PAISANT (Marcel), secrétaire d'ambassade honoraire, sous-directeur de la Compagnie française des mines d'or de l'Afrique du Sud, 7, rue Pasquier, Paris, 8e	12 mars 1908
115	PARMENTIER (Jules), président du Tribunal, à Soissons (Aisne), et 20, avenue Wagram, Paris, 8e	11 février 1886

Nos d'Ordre	Noms, Prénoms, Qualités, Professions et demeures des Membres	Dates de réception
116	Parseval (Hubert de), Saint-Eloy-de-Gy (Cher)	9 juillet 1896
117	Péan (Prosper), architecte, 62, boulevard Magenta, Paris, 10e, et à La Chapelle-en-Serval	8 juillet 1909
118	Pierret (Paul), à Eve, par Le Plessis-Belleville, et 5, place Malesherbes, Paris, 16e..........................	10 novembre 1904
119	Pillet-Will (comte), château d'Offémont, commune de Saint-Crespin-aux-Bois, par Rethondes (Oise), et 31, rue de Lisbonne, Paris, 8e..............	8 juillet 1920
120	Poiret (Frédéric), ✳, avenue d'Aumale, Chantilly, et 2, rue Marbeuf, Paris, 8e.	10 novembre 1904
121	Pontalba (Michel Delfau de), château de Mont-l'Evêque, par Senlis	12 février 1880
122	Prudhomme (Henri), docteur en droit, conseiller honoraire à la Cour d'appel de Douai, membre du Conseil supérieur de l'Assistance publique, 36, rue d'Aumale, à Grandvilliers (Oise), et 8, rue Jean-de-Lignières, à Beauvais (Oise)	
123	Radziwill (S. A. le prince Léon), château d'Ermenonville, et 40, cours Albert Ier, Paris. 8e	11 janvier 1883
124	Reyre (Antoine-Patrice), 34, rue de Châteaudun, Paris, 9e..............	9 avril 1895
125	Ribes (comte de), ✳, château de Saint-Just, par Bornel (Oise), et 50, rue de la Bienfaisance, Paris, 8e............	9 décembre 1920
126	Richefeu (Charles), château de Gondreville, par Betz, et 3, rue Méchain, Paris, 14e	12 décembre 1895
127	Roederer (le comte), 5, rue Freycinet, Paris, 16e	10 juillet 1913
128	Rothschild (baronne James de), ✳, ◗, château des Fontaines. à Gouvieux, et 42, avenue Friedland, Paris, 8e......	13 juillet 1905
129	Rothschild (baron Robert de), château de Laversine. par Creil, et 23, avenue de Marigny, Paris, 8e	13 février 1913
130	Rousset (Dr Léon), à Senlis...........	11 octobre 1889
131	Rudault (Mme), Nanteuil-le-Haudouin.	10 février 1916
132	Sagny (René), rue de la République, Senlis	11 janvier 1921

Nos d'Ordre	Noms, Prénoms, Qualités, Professions et demeures des Membres	Dates de réception
133	SAINTE-BEUVE (Auguste), ancien avoué, rue du Chat-Harêt, à Senlis..........	3 novembre 1890
134	SARGENTON (Henri), agent de change, avenue de la Gare, Chantilly, et 115, rue de la Pompe, Paris, 16e..........	10 novembre 1910
135	SAVIGNIES (Mlle Madeleine LESCUYER DE), maison Narcisse, Vineuil-St-Firmin..	18 octobre 1917
136	SEILLIÈRE (baron Ernest), membre de l'Institut, château d'Ognon, et 16, rue Hamelin, Paris, 16e.................	11 décembre 1919
137	SEILLIÈRE (Mme la baronne Ernest), mêmes adresses	14 décembre 1922
138	SEILLIÈRE (baron Léon), château d'Ognon, et 41, avenue George V, Paris, 8e....................	11 décembre 1919
139	SOYER (Mme), 21, rue de Beauvais, Senlis.	9 mai 1919
140	STERN (Jean), ✳, Blue Star Cottage, Chantilly.......................	18 octobre 1917
141	TARDIF (Alfred), ✳, artiste décorateur, à Montgrésin, par Orry-la-Ville, et 29, rue Bayen, Paris, 17e............	9 avril 1908
142	TARDIF (Charles), doreur - décorateur, 29, rue Bayen, Paris, 17e............	13 novembre 1913
143	THIRION, 20, rue Servandoni, Paris, 6e..	
144	TOUFLET (M.), 4, rue du Pavillon, Boulogne-sur-Seine (Seine)	9 décembre 1920
145	TOUPET (Eugène), 50, rue du Connétable, Chantilly.....................	13 octobre 1881
146	TREMBLOT (Jean), bibliothécaire à l'Institut, 97, boulevard Saint - Michel, Paris, 5e.....................	9 mai 1919
147	TRONCIN (André), maire de Chamant, par Senlis......................	12 février 1920
148	TURQUET (Alphonse), Saint-Firmin.....	12 février 1874
149	TURQUET DE LA BOISSERIE (comte Henri), Vieux-Château, Senlis, et 95, avenue Victor-Hugo, Paris, 16e............	11 avril 1889
150	TURQUET DE LA BOISSERIE (François), mêmes adresses	10 novembre 1910
151	VALENTIN, architecte de la Ville de Senlis.	12 juin 1902
152	VALLON (Omer), O. ✳, administratr de la Compagnie du Nord, maire de Chantilly, 41, rue du Connétable, Chantilly.	10 mars 1904
153	VANTROYS (Paul), avocat à la Cour d'Appel, 3, rue Daru, Paris, 8e.......	13 juillet 1905

Nos d'Ordre	Noms, Prénoms, Qualités, Professions et demeures des Membres	Dates de réception
154	Vasselle (Eugène), conseiller à la Cour d'Appel, 77, boulevard du Mail, Amiens (Somme)	8 avril 1886
155	Vatin (Mme Eugène), 52, rue de la République, Senlis	10 avril 1919
156	Verdeau (M), au Petit-Luxembourg, Senlis	10 juin 1920
157	Vergnet (Jean), 113, faubourg Poissonnière, Paris, 9ᵉ	9 mars 1922
158	Vigier (comte Henri), château de Lamorlaye	18 octobre 1917
159	Volbertal (Henri), 9, rue Théogène-Bouffart, Fécamp (Seine-Inférieure)	9 novembre 1922
160	Waru (André de), ✳, administrateur de la Compagnie du Nord, 9, avenue d'Eylau, Paris, 16ᵉ	10 juillet 1890
161	Wiart (Eugène), architecte, 37, rue du Connétable, Chantilly, et 6, rue Sergent-Hoff, Paris, 17ᵉ	8 juillet 1909
162	Yamollet (l'abbé G.), curé-doyen de Chantilly	13 mars 1913
163	Yanville (comte Henry d'), château du Tillet, par Cires-les-Mello, et 56, rue des Saints-Pères, Paris, 7ᵉ	14 avril 1910

SOCIÉTÉS CORRESPONDANTES

Bibliothèque municipale de la ville de Senlis.

Comité archéologique de Noyon (Oise).

Société académique de l'Oise, à Beauvais.

Société d'Anthropologie de Paris.

Société d'Archéologie, Sciences, Lettres et Arts de Seine-et-Marne, à Melun.

Société des Antiquaires de l'Ouest, à Poitiers (Vienne).

Société dunoise, à Châteaudun (Eure-et-Loir).

Société historique et archéologique de Château-Thierry (Aisne).

Société d'Archéologie, Sciences, Lettres et Arts du département de Seine-et-Oise, à Versailles.

Société d'Agriculture, Sciences et Arts d'Angers (Maine-et-Loire).

Commission archéologique de Maine-et-Loire, à Angers.

Académie des Sciences, Inscriptions et Belles-Lettres de Toulouse (Haute-Garonne).

Smithsonian Institution de Washington, États-Unis.

Société des Antiquaires de Picardie, à Amiens (Somme).

Société d'Émulation d'Abbeville (Somme).

Société académique de Laon (Aisne).

Société d'Agriculture, Sciences, Belles-Lettres et Arts, à Orléans (Loiret).

Société archéologique de l'Orléanais, à Orléans (Loiret).

Société d'Agriculture, Sciences et Arts de Douai (Nord).

Académie des Sciences, Belles-Lettres et Arts de Marseille (Bouches-du-Rhône).

Société d'Archéologie, Sciences, Arts et Belles-Lettres de la Mayenne, à Laval.

Société archéologique, scientifique et littéraire du Vendômois, à Vendôme (Loir-et-Cher).

Société polymatique du Morbihan, à Vannes.

Commission des Antiquités de la Seine-Inférieure, à Rouen.

Société des Lettres, Sciences et Arts de l'Aveyron, à Rodez.

Société historique de Compiègne (Oise).

Bulletin archéologique et historique du Ministère de l'Instruction publique, Paris.

Académie des Sciences, Belles-Lettres et Arts du Puy-de-Dôme, à Clermont-Ferrand.

Société archéologique de Rambouillet (Seine-et-Oise).

Société d'Histoire, d'Archéologie et de Littérature de l'arrondissement de Beaune (Côte-d'Or).

Académie des Jeux Floraux, à Toulouse (Haute-Garonne).

Académie nationale des Arts, Sciences et Belles-Lettres de Caen (Calvados).

Académie des Sciences, Belles-Lettres et Arts de Besançon (Doubs).

Académie des Antiquaires de la Morinie, à Saint-Omer (Pas-de-Calais).

Société académique d'Agriculture, Sciences, Arts et Belles-Lettres de l'Aube, à Troyes.

Société archéologique de l'Ille-et-Vilaine, à Rennes.

Société archéologique de Vervins (Aisne).

Société des Antiquaires du Centre, à Bourges (Cher).

Société historique du Cher, à Bourges.

Société archéologique et historique du Limousin, à Limoges (Haute-Vienne).

Société littéraire, historique et archéologique de Lyon (Rhône).

Société de l'Histoire de Paris et de l'Ile-de-France (aux Archives nationales), à Paris.

Société française d'Archéologie, à Caen (Calvados).

Société nivernaise, à Nevers (Nièvre).

Société historique et archéologique de Pontoise et du Vexin, à Pontoise (Seine-et-Oise).

Archives historiques de Saintonge et d'Aunis, à Saintes (Charente-Inférieure).

Société d'Archéologie lorraine, à Nancy (Meurthe).

Institut archéologique du Luxembourg, à Arlon, Belgique.

Annales du Musée Guimet, avenue du Trocadéro, 30, Paris.

Comité de l'Art chrétien, à Nîmes (Gard).

Association des Études grecques, à l'École des Beaux-Arts, Paris.

Société historique et littéraire de Tournay, Belgique.

Académie de Nîmes (Gard).

Bulletin de la Société neufchâteloise de Géographie, à Neufchâtel, Suisse.

Académie delphinale, à Grenoble (Isère).

Commission des Antiquités et des Arts de Seine-et-Oise, à Versailles.

Société des Sciences naturelles et archéologiques de la Creuse, à Guéret.

Société des Antiquaires de France (chez Klincksieck, 11, rue de Lille, Paris).

Société archéologique du Périgord, à Périgueux (Dordogne).

Société archéologique, historique et scientifique de Soissons (Aisne).

Revue des Savants, fondée par le baron Thénard, au Ministère de l'Instruction publique, à Paris,

Académie nationale de Reims (Marne).

Société des Amis des Arts, Évreux (Eure).

Société des Bollandistes, rue des Ursulines, Bruxelles, Belgique.

Société d'Ethnographie, 28, rue Mazarine, Paris.

Société des Sciences morales, des Lettres et des Arts de Seine-et-Oise, à Versailles.

Académie royale des Sciences, Arts, etc., de Stockholm, Suède.

Journal héraldique de Pise, 115, via Piccini, Bari (Pouille), Italie.

Société archéologique de Sens (Yonne).

Les Amis des Sciences et Arts, à Rochechouart (Haute-Vienne).

Société libre d'Agriculture, Sciences, Arts et Belles-Lettres de l'Eure à Évreux.

Société archéologique de Tarn-et-Garonne, à Montauban.

Société des Lettres Sciences et Arts de Bar-le-Duc (Meuse).

Académie d'Hippone, près de Bône (Algérie).

Société d'Histoire et de Géographie de Provins (Seine-et-Marne).

Revue de la Société des Études historiques (Bibliothèque de l'Arsenal), 1, rue de Sully, Paris.

Société d'Archéologie de Bruxelles, 3, rue Ravenstein, Belgique.

Commission historique du département du Nord, rue Nationale, Lille.

Société archéologique d'Eure-et-Loir, à Chartres.
Société littéraire et historique de la Brie, à Meaux (Seine-et-Marne).
Société archéologique et historique de Clermont (Oise).
Société d'Études historiques et scientifiques de l'Oise, 15, place Ernest-Gérard, Beauvais.
Revue Mabillon (Dom Besse, à Chevetogne, par Leignon, province de Namur, Belgique).
Antiquarian Society, 21, Saint-Andrew-Street, à Cambridge, Angleterre.
Société archéologique de Montpellier (Hérault).
Bibliothèque de l'Université d'Aix (Bouches-du-Rhône).
Bibliothèque d'Art et d'Archéologie, 19, rue Spontini, Paris.
Société d'Archéologie et de Statistique de la Drôme, à Valence.
Société Française des Fouilles archéologiques, 128, rue Bonaparte, Paris.

PROCÈS-VERBAUX

PROCÈS-VERBAUX

DES ANNÉES 1921-1922

SÉANCE DU 13 JANVIER 1921

PRÉSIDENCE DE M. LÉON FAUTRAT, PRÉSIDENT

— La séance est ouverte à deux heures.

— Étaient présents : MM. Abrand, l'abbé Cavillon, Corbie, l'abbé Delpeuch, Fautrat Léon, Fautrat Georges, Gosselin, Louat, Macon, Masson, de Pontalba, Touflet, Verdeau, l'abbé Yamollet.

— M. le comte de Caix de Saint-Aymour, retenu par la maladie, présente par écrit ses excuses et ses regrets.

— Le procès-verbal de la réunion de décembre est lu et adopté.

— Le Secrétaire donne connaissance de la correspondance et des publications reçues par le Comité.

— M. le Président, en ouvrant la séance, exprime dans les termes les plus aimables, tous les vœux et souhaits que la nouvelle année lui inspire. Il rappelle succinctement les travaux du Comité en 1920, et leur caractère intéressant. Il ne doute pas que les études et mémoires qui seront produits en 1921, ne soient également méritoires au point de vue archéologique et historique.

M. le Président a le triste devoir de nous annoncer la mort toute récente de notre vénéré vice-président, M. Amédée Margry.

Avec une émotion profonde et partagée par tous, il nous dit la perte considérable que vient de faire le Comité, et après avoir payé au cher disparu un juste tribut d'éloges et de regrets, il donne lecture de l'allocution qu'il prononça sur la tombe, le jour des obsèques.

Discours de M. Fautrat.

Mesdames, Messieurs,

Permettez-moi de rendre hommage à la mémoire de notre doyen d'âge, vice-président du Comité archéologique, membre de la Société de secours mutuels de Saint-François Xavier et de l'Association des Écoles libres.

Notre cher Président était un homme excellent, d'un grand labeur, d'une érudition profonde. Né sous la Restauration, il avait connu toutes les évolutions de notre pays ; il avait souffert de ses épreuves, et son cœur s'était réjoui de la victoire de nos armes. Il aimait la société que Dieu a créée avec toutes ses tranches, dont l'assemblage uni est destiné à faire la grandeur du pays.

Élevé au collège Saint-Vincent, il est resté toute sa vie fidèle aux principes donnés dans cette grande maison.

Passionné pour l'étude, il l'était pour la nature, et il faisait de nos belles forêts sa retraite favorite. Chaque jour il allait dans les bois chercher le calme et la solitude qui convenait à sa nature. Le rencontrant dans son pèlerinage, et lui faisant des vœux de santé, il répondait toujours avec grâce : « Que la volonté de Dieu soit faite ».

Tel fut celui que nous pleurons, homme de bien par excellence, toujours disposé à mettre au service de ses concitoyens sa profonde expérience des choses de la vie, son aménité qui rendait son accueil si agréable et si facile.

Nous offrons à tous les siens dont il fut le bon oncle, et, pour ainsi dire le père en affections, l'hommage de notre respectueuse sympathie et de nos vifs regrets.

— Le Comité s'associe de tout cœur aux paroles éloquentes et émues prononcées par M. Fautrat, et gardera avec respect le souvenir de l'éminent confrère qu'il vient de perdre.

Pour ma part, je ne saurais oublier que le jour où je reçus le titre de membre de notre Comité, je fus accueilli par M. Margry avec la plus aimable bienveillance. Il voulut bien me donner d'utiles conseils et de précieux encouragements, pour lesquels je suis fier de témoigner ici ma reconnaissance la plus sincère.

M. Margry, que le grand âge et les infirmités empêchaient seuls d'assister à nos séances en ces derniers temps, n'était pas seulement un des membres les plus actifs et les plus assidus, un des premiers adhérents de notre Comité archéologique, mais un chercheur et un savant, qui a voué, pendant plus d'un demi-siècle, son labeur d'historien, d'archéologue et d'érudit à étudier le passé de notre patrie senlisienne.

Nombreuses sont les questions traitées par M. Margry aux séances de notre Comité. Elles ont été publiées, soit à la suite des comptes rendus de ces séances, dans nos bulletins, soit ailleurs.

Notre studieux collègue avait acquis, par son jugement, par la sûreté de sa critique, un rang hors pair, surtout dans ses travaux d'histoire locale ; et notamment, sa volumineuse étude sur les Baillis de Senlis restera comme un monument de patiente et exacte érudition.

Citons parmi ses nombreux travaux archéologiques les suivants :

Biographie d'Afforty. — Ses travaux, 1878.

Notice sur les catalogues historiques d'Afforty, 1879.

L'inventaire après le décès d'Afforty. — Notice sur la maison canoniale qu'il habitait, 1879.

Tableau chronologique des Écherins de Senlis depuis l'établissement de la Commune, 1879.

Liste des maires de Senlis, 1880.

Rapport sur l'ensemble des travaux exécutés aux Arènes. — Objets trouvés aux Arènes, 1885.

Les Le Flammenc, seigneurs de Canny, 1889.

Les Baillis de Senlis. — Rôle des Baillis et de leurs lieutenants, 1897-1898. — Liste des Baillis de Senlis, 1900.

Les Baillies royales. — Recherche sur les origines des grandes Baillies royales, 1902.

Rapport sur les fouilles de Sainte-Génisse, à Mont-l'Évêque, 1902.

Étude sur les Présidiaux, 1903.

Moulin de Saint-Étienne ou de Saint-Vincent-Gué et Pont de Saint-Étienne, 1904.

La Confrérie de Saint-Fiacre, à Senlis, et la paroisse Saint-Étienne, à Senlis, 1905.

Dix séries de notes pour servir à l'histoire de Senlis.

1re série : Anecdotes historiques sur la ville de Senlis.

2e série : Une page de notre histoire locale au XVIIe siècle.

Les autres séries traitent de l'histoire de Senlis depuis l'année 1750 jusqu'à l'année 1793.

Historique de la Châsse de saint Rieul à travers les âges.

L'Église de Senlis de 1795 à 1810.

— M. René Sagny et M. Ernest Dugas, présentés au cours de la dernière réunion, sont admis pour faire partie du Comité comme membres titulaires.

— M. Corbie, toujours à la recherche de ce qui peut intéresser le Comité, l'entretient de la découverte faite par lui, à Champlieu, de divers fragments de poterie, et notamment de l'existence de fours de potier, dans la forêt tout proche.

Il est convaincu que des fouilles, conduites méthodiquement, donneront un résultat satisfaisant.

— M. Louat, trésorier, soumet au Comité le compte de sa gestion, pour l'année 1920, ainsi que le projet de budget, pour l'année 1921.

RECETTES 1920

Cotisations antérieures arriérées.	79	50
Cotisations de l'année rentrées	946	35
— en cours de recouvrement. . .	317	10
Cotisation perpétuelle	150	»»

Vente de volumes, touché	47	10
— à toucher	8	55
Location de jardins	57	85
Intérêts de bons de la Défense nationale . .	29	50
Livret de Caisse d'épargne.	45	»»
Coupons de titres appartenant à la Société (85 fr. de rente 3 0/0, 15 fr. de 4 0/0 1918, 8 fr. de 5 0/0 et 2 quarts d'obligation de la Ville de Paris 1910).	110	65
Capital provenant de l'échange des 23 fr. de rente 4 et 5 0,0 en 6 0/0 (en novembre 1920).	7	50
TOTAL	1.799	10
Espèces en caisse au début de l'exercice 1920.	675	35
	2.474	45
Pour mémoire subvention pour les fouilles de Champlieu.	500	»»

DÉPENSES

Placement achat de 2/4 Ville de Paris	126	75
Frais du bail (non prévus). . .	46	75
Achat de livres, vitrines et frais faits pour l'entretien du Musée et des Arènes.	575	25
Note Vignon, relative au même objet (non réglée)	127	55
Contributions	3	55
Assurance	7	30
Concierge	30	»»
Étrennes du facteur.	5	»»
Timbres divers	2	80
Frais de poste, correspondance, envoi de volumes	10	25
Frais de recouvrements déboursés	32	95
Note Vignon, convocation procès-verbaux, circulaires, bandes, etc., non réglée.	241	95
Loyer.	500	50
	1.710	60

Recettes ordinaires indiquées ci-dessus . .   1.799   10
Dépenses ci-contre 1.710   60

             88   50

Donc sans tenir compte des espèces en caisse en janvier 1920, les recettes suffisent à couvrir ces dépenses malgré le caractères exceptionnel de certaines d'entre elles et les achats de volumes et de vitrines.

Toutefois on a vu que l'emploi des   150   »»
n'avait lieu qu'à concurrence de   126   75

Il reste non employé . . . . .   23 . 25
plus les 7.50 provenant de l'échange des rentes.   7   50

TOTAL   30   75   30   75

RESTE   57   75

Il restera donc après défalcation de ce capital lorsque toutes les recettes seront faites et les dépenses réglées, un boni sur l'exercice 1920 de.   57   75

Il est observé ici qu'il a été versé à M. Corbie 300 fr. en compte sur les 500 fr. reçus à titre de subvention Il reste donc en caisse en sus d.s sommes indiquées ci-dessus, une somme de 200 fr.

En résumé la situation actuelle janvier 1921, lorsque les recettes seront terminées et les dépenses effectuées, est la suivante :

Bons de la Défense nationale.   500   »»
Banque de France.   0   20
Livret de la Caisse d'épargne sous réserve des intérêts 1920.   195   »»
Espèces en caisse.   368   85

TOTAL 1.064   05
Moins les capitaux à laisser indisponibles .   30   75

RESTE 1.033   30

Plus toutes les valeurs de bourse représentant les cotisations perpétuelles :

      85 fr. de rente 3 0/0 au porteur ;
      24 fr. de rente 6 0/0   id.
      2/4 Ville de Paris, 1910 ;
      plus espèces, 30 fr. 75.

BUDGET POUR 1921

Somme disponible.	1.033	30
Cotisations 1921.	1.250	»»
Locations de jardins	115	»»
Coupons de rente	109	»»
Intérêts des Ville de Paris	5	»»
Intérêts de bons de la Défense et Livret. . .	25	»»
Vente de volumes	30	»»
TOTAL	2.567	30

DÉPENSES

Loyer.	500	50
Contributions et assurance. . .	12	»»
Recouvrements.	35	»»
Concierge et chauffage. . . .	60	»»
Etrennes au facteur	5	»»
Timbres et correspondance . .	12	»»
Facture Vignon	300	»»
Note de Marie, jardinier, pour travail aux Arènes. Maçonnerie aux Arènes	500	»»
Somme encore due à M. Abrand.	100	»»
TOTAL.	1.524	50
RECETTES. . . .	2.567	30
DÉPENSES. . . .	1.524	50
DISPONIBLE . . .	1.042	80

— Le Comité vote des remerciements à son Trésorier, pour le zèle et l'exactitude qu'il apporte dans ses fonctions.

— La séance est levée à quatre heures.

Le Secrétaire,

A. CAVILLON.

SÉANCE DU 10 FÉVRIER 1921

PRÉSIDENCE DE M. LÉON FAUTRAT, PRÉSIDENT

— La séance est ouverte à deux heures.

— Étaient présents : MM. Abrand, l'abbé Cavillon, Corbie Ernest père, Corbie Ernest fils, Dufresne, Fautrat Georges, Gosselin, Louat, Macon, le baron de Maricourt, de Noussanne, Tôuflet, Troncin, Turquet de la Boisserie François.

— Le procès-verbal de la dernière réunion est lu et adopté.

— Le Secrétaire donne connaissance de la correspondance et des publications reçues par le Comité.

— Notre séance s'ouvre, aujourd'hui, sous de bien regrettables auspices ! En moins de deux mois, le Comité a été douloureusement éprouvé par la perte de deux de ses membres les plus anciens, M. Margry et M. le comte de Caix de Saint-Aymour, qui étaient, en même temps, les deux vice-présidents de notre Société.

En attendant la publication prochaine d'une notice particulière sur la vie et les œuvres de M. de Caix, M. le Président tient à s'associer à tous nos sentiments de tristesse et de regrets. D'une voix chaude, dans un style imagé, il rend hommage à la mémoire de l'éminent confrère, qui faisait partie du Comité depuis sa fondation, en 1862 ; M. de Caix avait répondu des premiers à l'appel des fondateurs de notre Compagnie, et depuis près de soixante ans, il n'a cessé de la protéger de son influence, de l'honorer de sa présence et de ses travaux, de l'éclairer, en toutes circonstances, de sa vaste érudition et de sa grande expérience archéologique.

Né en notre pays de Senlis, en 1843, a dit en substance M. le Président, M. de Caix a passé toute sa jeunesse au château d'Ognon, entouré des souvenirs des de la Fontaine. Il a vécu sous les arceaux créés par Le Nôtre, et sur les rives du beau lac, qui, comme l'histoire, reflète les grands souvenirs.

Brillant élève de l'École des Chartes, il a consacré toute sa vie à l'étude de l'histoire locale.

Depuis fort longtemps membre du Comité archéologique, il a tenu à donner chaque année, une page d'histoire, inscrite dans nos volumes. Il a décrit les demeures des Celtes, leur temple, l'époque Gallo-Romaine, dont nos murs sont les puissantes assises. — Coucy, Bouvines, l'ont eu pour historien. — La vie de Senlis au moyen-âge est relatée dans ses notes humoristiques des contes du *Besacier*.

Ardent patriote, il était au siège de Paris en 1870-71, avec son ami Auguste Roland. Il avait organisé avec lui un moyen de correspondance, à l'aide d'un émissaire de Fleurines, qui souvent a passé les lignes ennemies.

La grande guerre avait profondément ému son cœur. A l'armistice, il se rendit à Noyon, étudia, sur place, les traces de la ruée allemande. Son récit est un document fort sérieux.

Le comte de Caix eut de grandes épreuves dans sa vie. Il les supporta avec la sérénité d'un parfait gentilhomme.

Conseiller général, membre de différentes sociétés locales, il fut un senlisien dévoué par dessus tout à la vieille cité. Son attachement et sa fidélité ne seront pas mis en oubli, et M. le comte de Caix comptera toujours parmi les plus dignes et les meilleurs qui ont honoré la ville et le Comité. Nous offrons à tous les siens et notamment à son cher fils, qui sert actuellement, avec tant de distinction, la France à Beyrouth, l'hommage de nos respectueuses condoléances.

— M. le Président rappelle qu'il y a lieu de procéder à des élections pour la nomination des successeurs des deux vice-présidents disparus, et indique M. Macon et M. le baron de Maricourt, comme les mieux qualifiés, pour succéder à M. Margry et à M. de Caix de Saint-Aymour.

Leurs beaux travaux, leur érudition, leur bonne grâce et leur compétence dans les questions d'histoire et d'archéologie les rendent bien dignes de continuer ceux qui ne sont plus, et les désignent, sans hésitation, aux suffrages unanimes de tous leurs confrères. Devant une volonté si universellement exprimée, les nouveaux élus, dont la modestie égale les mérites, ne peuvent que s'incliner ; tous deux, simplement, cordialement, remercient le Comité de l'honneur qu'il vient de leur faire, de la confiance qu'il veut bien leur témoigner.

— Mⁿᵉ Thomasson, née de Caix de Saint-Aymour, est présentée par M. Léon Fautrat et par M. de Maricourt, pour faire partie du Comité comme membre titulaire.

Item, M. le comte de Maricourt, consul général à Saint-Sébastien, est présenté par M. Léon Fautrat et par son frère, M. le baron de Maricourt.

Item, M. Robert Burnand, archiviste paléographe, 3, rue Gay-Lussac, à Paris, est présenté par MM. de Maricourt et Macon.

Selon le règlement, il sera statué sur ces présentations au cours de la prochaine séance.

— M. le Président fait connaître que, suivant une ampliation d'un décret en date du 30 décembre dernier, le Comité archéologique de Senlis est autorisé à modifier et à élargir son titre et à s'appeler désormais : *Société d'Histoire et d'Archéologie de Senlis.*

République Française

Préfecture du Département de l'Oise

Le Président de la République Française

Sur le rapport du Ministre de l'Intérieur,

Vu la délibération en date du 11 Mars 1920, par laquelle le Comité Archéologique de Senlis (Oise), sollicite l'autorisation de changer son titre en celui de « *Société d'Histoire et d'Archéologie de Senlis* ».

Vu le décret du 21 Avril 1877, qui a reconnu cette Association comme établissement d'utilité publique, ensemble les statuts y annexés ;

Vu les pièces établissant la situation financière de l'Association ;

Vu l'avis du Préfet de l'Oise, en date du 12 Août 1920 ;

Vu l'avis du Ministre de l'Instruction Publique et des Beaux-Arts, du 31 Août 1920 ;

Vu la loi du 1er Juillet 1901 et le décret du 16 Août suivant ;

Le Conseil d'État entendu :

Décrète

Art. 1er. — Le Comité Archéologique de Senlis, dont le siège est à Senlis (Oise), et qui a été reconnu comme établissement d'utilité publique par décret du 21 Avril 1877, est autorisé à changer son titre en celui de « *Société d'Histoire et d'Archéologie de Senlis* ».

Art. 2. — Le Ministre de l'Intérieur est chargé de l'exécution du présent décret, qui sera inséré au Bulletin des lois.

Fait, à Paris, le 30 Décembre 1920.

Signé : MILLERAND.

Par le Président de la République,   Pour ampliation,
Le Ministre de l'Intérieur,   Le Chef du bureau du Cabinet,
Signé : T. STEEG.   Signé : X.....
Pour copie conforme :   Pour copie conforme :
Le Conseiller de Préfecture,   Le Sous-Préfet,
Signé : BOUSSON.   Signé : CHARBONNIER.

Pour copie conforme :
Le Maire de Senlis,
Signé : L. ESCAVY.

— M. de Noussanne signale à la Société le mouvement de plus en plus marqué, dans les Lettres, en faveur de Gérard de Nerval, dont les œuvres sont, de divers côtés, rééditées à grands frais, ce qui n'est pas sans avantage de publicité pour Senlis et ses environs, qui furent si chers au touchant auteur de *Sylvie*.

M. de Noussanne propose à la Société de s'associer aux admirations qui se manifestent ainsi à l'égard d'une gloire dont le Valois fut souvent l'inspirateur. Il indique la possibilité de commémorer, par un monument, l'œuvre et le souvenir de Gérard de Nerval en union avec les éditeurs et commentateurs de l'écrivain, ainsi qu'avec la Société des Gens de Lettres et autres groupements dévoués au culte des renommées littéraires.

D'un commun accord, la Société charge M. de Noussanne de suivre, en son nom, auprès des personnes ou groupements qui peuvent s'y intéresser, le projet de commémorer, dans le Valois, le souvenir de Gérard de Nerval.

— M. le Président donne lecture d'un remarquable travail sur les origines de l'abbaye de Chaâlis.

Après lecture, les membres présents, et particulièrement MM. Macon et de Maricourt, rendent hommage aux précieuses recherches faites par M. le Président.

Une discussion s'engage sur le cardinal d'Este, abbé commendataire de Chaâlis, et sur le Tasse, qui selon la tradition, fut l'hôte de l'abbaye (probablement en 1571), sans que, jusqu'ici, on ait pu expliquer les raisons précises de son séjour à Chaâlis.

M. de Noussanne, qui a eu l'occasion d'étudier la vie du Tasse et de recueillir des renseignements en Italie, fait connaître une version italienne, de laquelle il résulte que Torquato Tasso aurait été, à Paris, fêté, choyé, gagné par des seigneurs huguenots et qu'il aurait lié amitié avec certains. De là, colère des seigneurs catholiques et de la cour, en conséquence de quoi l'imprudent poète aurait dû venir en retraite à l'abbaye dont son protecteur, le cardinal d'Este, était abbé commendataire.

— En fin de séance, la commission des fonds traite certaines questions intéressant particulièrement l'existence morale et la vie économique de la Société.

C'est ainsi que M. Fautrat fait observer qu'il importe de s'employer à publier, cette année, un volume, si réduit soit-il, ne serait-ce, par exemple, que le compte rendu, aussi succinct que possible, des principaux travaux présentés depuis deux ans.

Dans le même ordre d'idée, et comme corollaire du vœu de M. Fautrat, MM. Macon et Louat demandent s'il ne serait pas opportun de majorer légèrement le taux des cotisations et de le porter de dix francs à douze francs.

Ces deux propositions rencontrent un assentiment général.

— On se sépare vers quatre heures et demie, après avoir fixé l'ordre du jour de la prochaine séance.

Le Secrétaire,
A. Cavillon.

SÉANCE DU 10 MARS 1921

PRÉSIDENCE DE M. FAUTRAT, PRÉSIDENT

— La séance est ouverte à deux heures.

— Etaient présents : MM. Abrand, l'abbé Cavillon, Corbie Ernest père, Corbie Ernest fils, Fautrat Léon, Gosselin, Louat, Macon, de Martignac, Touflet, Toupet, Turquet de la Boisserie François, Verdeau.

— Le procès-verbal de la séance de février est lu est adopté.

— M. le Secrétaire passe en revue les publications des Sociétés correspondantes.

— En ouvrant la séance, M. le Président fait part de la mort récente de M. le comte de Kersaint, membre de notre Société depuis 1880.

M. de Kersaint, descendant des de Junquières, était le propriétaire du château de Versigny, somptueuse demeure du xviie siècle, d'où les bienfaits partent à profusion pour s'épandre dans la commune et les pays circonvoisins. M. de Kersaint s'intéressait à toutes les recherches locales et savait apprécier l'utilité de nos travaux.

— Il est procédé au vote pour l'admission des trois candidats présentés au cours de la précédente séance ; après le scrutin réglementaire, Mme de Thomasson, M. le comte de Maricourt et M. Robert Burnand sont déclarés admis comme membres titulaires.

— Conformément à l'ordre du jour, M. Fautrat prend la parole pour continuer la lecture de ses notes historiques sur Chaâlis.

Ces notes sont bien curieuses. Elles nous donnent des renseignements intéressants sur l'état dans lequel était alors l'abbaye, sur ses revenus, sur la vie des religieux occupés des choses agricoles, de l'exploitation des bois, etc.

— M. Macon donne lecture des notes relevées autrefois par M. Margry dans les registres de l'église de Senlis. Ces notes commencent au 9 août 1795, date de la réouverture de notre cathédrale au culte catholique. Elles nous font connaître les efforts apportés par tous les habitants à la restauration de l'édifice dégradé et démeublé, sous forme de dons d'objets, d'offrandes en assignats, et même de travaux manuels. Le service religieux est alors assuré par M. de Bréda de Trossy, ancien doyen de Notre-Dame, et par M. Genty, ancien doyen de Saint-Rieul. Le 7 décembre 1795, ceux-ci font déterrer les reliques de saint Rieul, qui avaient été enfouies dans le cimetière le 2 décembre 1793, et les font mettre dans une boîte qui est placée dans la cathédrale.

L'ancien évêque, Mgr de Roquelaure, retiré à Crépy, vient à Senlis le 11 août 1797 et officie, le 15, dans la cathédrale. La réaction jacobine qui suivit le 18 fructidor se fait sentir à Senlis au début de 1799. Les fêtes décadaires reparaissent, et l'église ne peut plus être ouverte le dimanche. Les prêtres cessent tout service religieux dans l'église le 23 septembre 1799. Mais cette éclipse ne dure que soixante-quatre jours, et les prêtres reprennent le service le 26 novembre. La châsse de saint Rieul est alors replacée dans les carolles au-dessus du maître-autel et exposée à la vénération des fidèles. Le 29 novembre 1802, l'abbé Genty prend possession de la cure de Senlis, à laquelle il a été nommé par l'évêque d'Amiens, après avoir prêté serment de fidélité à la Constitution entre les mains du préfet de l'Oise. M. l'abbé Moquet lui succéda le 15 août 1805.

— La prochaine réunion aura lieu le jeudi 14 avril.

Et la séance est levée à quatre heures.

Le Secrétaire,

A. CAVILLON.

SÉANCE DU 14 AVRIL 1921

PRÉSIDENCE DE M. LÉON FAUTRAT, PRÉSIDENT

— La séance est ouverte à deux heures.

— Étaient présents : MM. l'abbé Cavillon, Corbie Ernest père, Corbie Ernest fils, Fautrat Léon, Fautrat Georges, Gosselin, Louat, Macon, Mareuse, Toufflet, Toupet, Turquet de la Boisserie François.

M. le baron de Maricourt et M. Abrand s'excusent de ne pouvoir assister à la séance. Mme Picot exprime aussi ses regrets de n'être pas à la réunion.

— Après l'adoption du procès-verbal de la dernière séance, M. le Président donne connaissance des publications envoyées par les Sociétés correspondantes ou offertes à notre Société. A signaler : un manuscrit présenté par M. l'abbé Cavillon et intitulé : « *Obitier de l'Église Collégiale de Crespy-en-Valois, copié en 1746,* »

La Société remercie notre confrère d'avoir bien voulu s'en dessaisir à son profit.

— Deux nouvelles présentations sont faites, l'une par M. Macon et Mlle de Savignies et concernant M. Albert Dervaux, habitant « Le Regard », à Coye ; l'autre par MM Cavillon et Macon et intéressant Mlle Mancheron, laquelle en mémoire du regretté M. Margry, son oncle vénéré, désire faire partie de la Société comme membre titulaire.

Il sera statué sur leur admission lors de la prochaine séance.

— M. Macon retrace, sous forme de causerie fort attachante, quelques épisodes de l'histoire de Chantilly dans la première partie du xvıı^e siècle ; d'abord le délicieux épisode de Sylvie, d'après les poésies consacrées par Théophile de Viau à la duchesse de Montmorency, Marie-Félice des Ursins ; puis le détail de l'occupation de Chantilly par Louis XIII ; enfin, de 1643 à 1652, la vie brillante de Chantilly avec la princesse de Condé, Charlotte-Marguerite de Montmorency, et son fils, le Grand Condé, jusqu'à la rébellion du jeune héros et sa sortie de France en 1652.

— M. l'abbé Cavillon donne lecture du manuscrit dont il veut bien faire hommage à notre bibliothèque.

Ce document nous révèle que plusieurs personnages de marque, tant ecclésiastiques que laïcs, ont fait d'importantes fondations à la Collégiale de Saint-Thomas. Il nous apprend également que quelques-uns de ces obits étaient très solennels, comportant parfois des processions jusqu'à l'église « d'en haut » (l'église Saint-Denis) et des stations dans les différents sanctuaires intermédiaires.

— Dans la séance de janvier, la Commission du Bulletin a pris l'engagement de publier, en guise de bulletin, un compte rendu succinct des principaux travaux présentés depuis 1918. La dépense de cette publication avait été évaluée à la somme de 4 à 500 francs, chiffre minimum. Or, le rapport présenté par notre diligent Trésorier, dans la séance de février, nous plaçait en face d'une situation douloureuse. Il ne restait en caisse que 200 francs, et certaines dépenses d'un caractère exceptionnel n'étaient même pas payées.

A moins d'un effort tout à fait extraordinaire, nous devions ajourner à plus tard la publication de notre Bulletin annuel, déjà en carence depuis plus de deux ans.

La difficulté s'est trouvée heureusement résolue par la générosité, aussi large que discrète et spontanée, de notre charitable Président, que toute infortune, quelle qu'elle soit, ne laisse jamais indifférent.

M. Fautrat est vivement remercié de sa délicate attention, de son geste si noble. Et grâce à cet appoint inattendu et autant dire providentiel, on va, sans retard, livrer à l'impression toute la matière d'un volume complet, si bien que la mise en distribution pourra être faite avant la fin de l'année.

— L'ordre du jour étant épuisé, la séance est levée.

Le Secrétaire,

A. Cavillon.

SÉANCE DU 12 MAI 1921

PRÉSIDENCE DE M. LÉON FAUTRAT, PRÉSIDENT

— La séance est ouverte à deux heures.

— Étaient présents : Mlles Mancheron, de Savignies, MM. Abrand, l'abbé Cavillon, Corbie Ernest fils, Fautrat Léon, Fautrat Georges, Gosselin, Macon, Masson, Turquet de la Boisserie François.

Absents excusés : MM. Corbie, Louat, Touflet.

— Après la lecture et l'adoption du procès-verbal de la dernière séance, on donne connaissance de la correspondance et des publications reçues par la Société.

— Mlle de Savignies et M. Macon présentent la candidature de M. Marcel Boulenger, homme de lettres, chevalier de la Légion d'honneur, 71, rue du Connétable, à Chantilly, qui désire faire partie de notre Société comme membre titulaire.

Il sera statué sur cette présentation au cours de la prochaine réunion.

— Mlle Mancheron et M. Albert Dervaux, présentés en la séance d'avril, sont admis comme membres titulaires.

— M. Touflet ayant eu la générosité de faire, entre les mains du Trésorier, un versement de 150 francs, sera désormais inscrit à perpétuité sur la liste des membres de la Société.

M. le Président remercie comme il convient notre sympathique confrère du témoignage de sympathie et d'attachement qu'il veut bien donner à notre Compagnie.

— Conformément à l'ordre du jour, M. Fautrat continue et achève la lecture de ses persévérantes études sur l'abbaye de Chaâlis. Dans ce champ, pourtant si souvent exploré, le chercheur infatigable qu'est notre distingué Président a su découvrir du nouveau et nous a communiqué un certain nombre de pièces assez rares et inédites, auxquelles la Société juge à propos d'accorder les honneurs de notre Bulletin.

— M. Macon donne lecture d'un très intéressant travail consacré au séjour du Grand Condé à Chantilly de 1660 à 1686, date de sa mort. Dans un très joli style, il décrit les embellissements apportés par le prince à ce beau domaine, avec le concours de Le Nôtre et de ses nombreux collaborateurs. Il dépeint avec humour les fêtes splendides données à Louis XIV en 1671, et si tristement assombries par la mort tragique de Vatel. Et surtout il nous fait entrer dans la vie intime du héros, entouré de Bossuet, de Malebranche, de La Bruyère, de Boileau, de La Fontaine ; nous pénétrons même dans le secret de sa conscience par le récit de son retour à la foi catholique, couronné par une mort chrétienne dont les détails émouvants terminent l'étude si attachante de M. Macon, qui est chaleureusement félicité et remercié par les membres présents.

— Avec autant de grâce que d'érudition, M. Masson fait une curieuse relation des travaux actuellement en cours au Camp de César, de Gouvieux :

Notre savant confrère expose que « sur le Camp de César, de Gouvieux, des travaux de déblaiement menacent de faire disparaître des vestiges intéressants de retranchements anciens. A la jonction de la Nonette et de l'Oise, finit en triangle le vaste plateau qui sépare ces deux rivières : pour faire de cette position élevée une enceinte très sûre, il avait sufli aux indigènes de fermer ce triangle à la base par un rempart, les autres côtés étant défendus par la déclivité des deux flancs.

« C'est ce rempart, appelé la Frète, d'une hauteur variant de 4 à 6 mètres et d'une largeur de 8 à 10 mètres, qui est attaqué par la pioche et la pelle. Il a résisté à vingt siècles, mais il ne résistera pas aux exigences de la culture des champignons : on déblaie, on charge en tombereau ce témoin des temps anciens, qui va finir dans les carrières de Chaumont.

« Mais ces travaux ont eu pour avantage de faire apparaître la structure intérieure de cette masse de remblai : on y distingue les couches superposées de terres diverses, de craon : juste au milieu, on y voit une couche épaisse de terre brûlée, rougie, à l'état de terre cuite, du charbon de bois, d'une largeur de 3 à 6 mètres, d'une hauteur de 1 à 2 mètres. Des fouilles antérieures, faites à divers points du rempart, avaient déjà mis à jour ces traces de feu ; il semblerait donc que cet embrasement aurait eu lieu sur toute la longueur du bastion, c'est-à-dire environ 500 mètres.

« Jusqu'à présent, on n'a découvert dans la fouille aucun objet, aucune brique, aucune terre cuite pouvant renseigner sur l'époque où a été élevé ce rempart. Avant sa complète disparition, je crois utile de demander qu'une étude en soit faite par quelques-uns de nos membres, et je serai personnellement très content d'entendre les hypothèses que nos collègues ne manqueront pas d'apporter ».

Pour la meilleure compréhension du sujet, notre confrère fait passer sous nos yeux le schéma du rempart de la Frète minutieusement dessiné.

Inutile de dire que M. Masson a, plus que personne, toute la compétence voulue pour suivre ces fouilles, d'ailleurs si bien détaillées, dans le rapport descriptif qu'il nous en donne plus haut. Nul autre n'est mieux placé et plus qualifié pour recueillir les indices capables de dater ce monument ou pour observer les moindres vestiges qui pourraient être de nature à éclaircir ce point intéressant d'histoire locale.

— L'ordre du jour étant épuisé, la séance est levée.

Le Secrétaire,

A. CAVILLON.

SÉANCE DU 9 JUIN 1921

PRÉSIDENCE DE M. LÉON FAUTRAT, PRÉSIDENT.

— La séance est ouverte à deux heures.

— Etaient présents : Mlle Mancheron, MM. Abrand, l'abbé Cavillon, Chevalier, Corbie (Ernest) père, Corbie (Ernest) fils, Dufresne, Fautrat (Léon), Fautrat (Georges), Louat, Macon, Masson, Sainte-Beuve, Tardif, Touflet, Turquet de la Boisserie (François) et Verdeau.

MM. Gosselin et le baron de Maricourt s'excusent de ne pouvoir assister à la séance. M. Mareuse exprime par lettre tous ses regrets de n'être pas non plus des nôtres.

— Après la lecture et l'adoption du procès-verbal de la dernière séance, on donne connaissance de la correspondance et des publications reçues par la Société.

— M. Marcel Boulenger, homme de lettres, 71, rue du Connétable, à Chantilly, présenté en la séance de mai par Mlle de Savignies et M. Macon, est admis comme membre titulaire.

— Conformément à l'ordre du jour, M. Macon poursuit l'exposé de l'histoire anecdotique de Chantilly sous les princes de Condé. Il nous parle aujourd'hui du fils du Grand Condé, le prince Henry-Jules, personnage bizarre, doué d'un caractère désagréable, peu sympathique, mais qui aima Chantilly avec passion et dépensa des sommes prodigieuses pour en accroître les embellissements. Il fut le véritable créateur de la ville de Chantilly, ayant fait bâtir l'église et ériger la paroisse en 1692. Il fit transformer le grand château par Mansart, installa une splendide Ménagerie à Vineuil, protégea l'industrie de la dentelle. M. Macon donne un tour piquant au récit des fêtes dont Chantilly fut alors le théâtre et où paraissent Louis XIV et sa famille, y compris Mme de Maintenon, qui reçoit sans broncher les marques de respect affecté que lui prodiguent les jeunes et malicieuses princesses, la duchesse de Bourbon, fille du Roi, la duchesse du Maine, fille du prince de Condé, dont Santeul éprouva la pétulante gaité. La Bruyère passa ses dernières années dans cette brillante société, et y trouva matière à l'enrichissement de ses *Caractères*.

Le Comité, très intéressé par cette attachante communication, félicite M. Macon et exprime l'espoir, qui se réalisera, d'entendre d'aussi attrayantes lectures au cours de nos prochaines réunions.

— Le projet d'excursion archéologique pour l'année 1921 est mis en délibération : Beauvais est désigné comme but de l'excursion, la date en est fixée au 28 juillet. M. Corbie veut bien se charger des principaux détails de l'organisation. M. le Président indique sommairement le programme de la journée, qui s'annonce aussi riche que varié.

— MM. Mareuse et Chevalier annoncent qu'ils se disposent à se rendre au prochain Congrès archéologique de Limoges.

M. le Président sollicité nos privilégiés confrères de vouloir bien, à leur retour, rédiger un rapport d'ensemble sur les études générales qui seront présentées à ce Congrès.

— Sur la proposition de M. le Président, les vacances d'août-septembre étant votées, la séance est levée.

Le Secrétaire,

A. CAVILLON.

SÉANCE DU 13 OCTOBRE 1921

PRÉSIDENCE DE M. LÉON FAUTRAT, PRÉSIDENT

— La séance est ouverte à deux heures.

— Etaient présents : MM. Abrand, l'abbé Cavillon, Corbie Ernest père, Corbie Ernest fils, le chanoine Delpeuch, Dervaux, Léon Fautrat, Louat, Macon, Masson, le baron de Maricourt, Tardif et Verdeau.

MM. Gosselin, Sagny et Touflet s'excusent de ne pouvoir assister à la séance.

— Le procès-verbal est lu et adopté.

— On donne connaissance de la correspondance et des publications reçuès par la Société.

— M. Corbie nous apporte, provenant du Camp de Champlieu, deux vases gallo-romains en terre grise.

Le premier mesure 0 m. 18 de hauteur avec un diamètre de 0 m. 25 à la panse.

Le deuxième a une profondeur de 0 m. 09 et un diamètre de 0 m. 08.

— M. Louat a fait transporter à l'annexe de notre Musée (galerie des monuments en pierre), deux chapiteaux à collets et à fleurs très bien traités et provenant des colonnes de soutien des caves de la Licorne.

— M. le Président prononce l'éloge funèbre de nos confrères MM. Poirée et Paisant (Alfred), décédés depuis la dernière réunion.

M. Poirée, qui était déjà un de nos plus anciens collègues dans l'ordre d'admission, se trouvait être notre doyen d'âge depuis la mort de M. Margry. La dignité de sa vie, son amour du travail, sa proverbiale hospitalité lui avaient créé de fidèles amitiés parmi nous. La Société manifeste tous ses sentiments de condoléance à la famille de M. Poirée.

M. Paisant (Alfred), ancien magistrat, faisait partie du Comité depuis 1866. Président ou membre de diverses sociétés, il s'était particulièrement

dévoué aux œuvres d'intérêt public et de bienfaisance, ce qui ne l'empê=
chait pas de s'intéresser vivement à nos travaux. Malgré son éloignement,
son souvenir nous demeurait fidèle, et à l'époque de ses congés il aimait
à venir à nos séances, nous apportant chaque fois des productions dignes
de figurer en bonne place dans nos comptes rendus.

La Société s'associe de tout cœur aux sincères regrets et aux sentiments
de touchante gratitude exprimés par M. Fautrat.

— MM. Macon et Duplaquet présentent M. Jean Linzeler, demeurant
à « La Nonette », Saint-Firmin, et à Paris, 120, rue du Bac, qui désire
faire partie de notre Société comme membre titulaire.

Autres présentations :

M. le comte de Coulombiers, demeurant au Château de la Victoire, est
présenté par MM. Léon Fautrat et le baron de Maricourt.

M. le comte Arnauld Doria, demeurant à Ognon, est présenté par M. le
comte François Doria et M. le baron Ernest Seillière.

M. Hallo, rue Saint-Yves-à-l'Argent, 16, est présenté par M. le baron
de Maricourt et par M. Georges Fautrat.

Selon le règlement, il sera statué sur ces présentations au cours de la
prochaine réunion.

— M. Macon rend compte de l'excursion faite à Beauvais par une
délégation de notre Société, le jeudi 28 juillet. En dépit de la chaleur
accablante, la visite de cette ville fut des plus intéressantes, grâce à
l'extrême amabilité de M. Leblond, président de la Société Académique
de l'Oise, et de M. de Carrère qui, de l'arrivée au départ, guidèrent nos
confrères, prodiguant leurs savantes explications dans les curieuses rues
qui conservent tant de maisons anciennes, à la Manufacture de Tapis-
series, à Saint-Etienne, à la Cathédrale, au Musée, à l'Hôtel de Ville.
Les plus chaleureux remerciements sont adressés à nos éminents
confrères de Beauvais, dont la bonne grâce et l'érudition ont charmé nos
excursionnistes.

Impossible de nous étendre. Le cadre restreint du procès-verbal d'une
séance abondamment chargée ne nous permet point de reproduire la
savante et judicieuse relation faite par la bouche d'un rapporteur aussi
fin causeur que brillant écrivain.

— M. Macon donne également lecture d'une lettre de M. Pierre Dubois,
président des Antiquaires de Picardie, qui propose à notre Société de
choisir la ville d'Amiens comme but de l'excursion de l'an prochain.
Cette proposition est accueillie avec faveur, et l'étude en est renvoyée
au printemps.

— M. Corbie expose qu'il a pu faire de très heureuses découvertes à
Champlieu, ancienne localité qui occupe une situation prépondérante
au point de vue des fouilles, en un sol où les restes des civilisations
s'accumulent et se superposent depuis les temps les plus reculés. Notre
intrépide chercheur venait de passer minutieusement en revue les ruines
du Temple de Champlieu, avec son avenue ou terrasse, se développant

en face du *vicus* et vers la voie romaine de Senlis à Soissons. Il avait étudié et scruté à fond l'emplacement de l'ancien Camp Romain, appelé aussi Camp de César ou des Tournelles — emplacement copieusement décrit par Carlier (t. 1, p. 40), et plus scrupuleusement délimité par Graves.

En archéologue averti, il explorait avec les plus grandes précautions le prolongement du Camp qui se perd dans la forêt, lorsqu'il remarqua que le terrain situé au nord de Saint-Sauveur était pour ainsi dire jonché de débris de poteries et de tuiles brisées. Il n'hésite pas à faire des sondages à cet endroit. Les fouilles pratiquées à différentes places amènent bientôt la découverte de plusieurs fours de potiers. Le nombre des produits de toutes sortes enfouis dans ces ateliers est incalculable. Le caractère et la forme des poteries indiquent que ces fours sont antérieurs à la venue des Romains dans les Gaules. Du reste, M. Babelon, chef du Cabinet des Médailles, mandé à Champlieu à cette occasion par M. Corbie, déclare que l'existence de ces poteries peut être placée au V⁰ siècle avant l'ère chrétienne. Leur mauvais état de conservation s'explique, sous l'action constante de l'agriculture, et par suite soit du défrichement, soit du reboisement du terrain.

Après plusieurs jours de patients travaux, les ouvriers de M. Corbie — très bien stylés du reste — ont eu la bonne fortune de mettre au jour les deux pièces déposées aujourd'hui sur la table du bureau.

Les champs voisins de l'ancienne église de Champlieu, qui étaient autrefois remplis de sarcophages, n'ont plus gardé que les ossements provenant de ces sépultures ; on ne saurait trop louer notre compatissant confrère d'avoir confié respectueusement ces restes vénérables au cimetière paroissial d'Orrouy. A vrai dire, le vaillant explorateur qu'est M. Corbie a opéré à Champlieu un utile travail de résurrection et qui lui fait le plus grand honneur.

— M. Macon reprend ses attrayantes lectures sur l'histoire de Chantilly et de ses princes. Il nous conte aujourd'hui la vie du fastueux prince qui, de 1718 à 1740, multiplia les merveilles dans ce beau lieu, transforma complètement le château, édifia les majestueuses écuries, créa la manufacture de porcelaines, l'hôpital et fut le véritable fondateur de la ville. Nous sommes intéressés par le récit des fêtes brillantes données à Chantilly par le duc de Bourbon ; émus par la touchante idylle de sa sœur, Mˡˡᵉ de Clermont, avec le duc de Melun, idylle brusquement tranchée par la mort tragique de ce dernier ; ravis enfin par l'exposé de la vie charmante de cette époque où peuple et seigneurs se mêlaient familièrement dans toutes ces réjouissances évoquées par le style si alerte du savant historien de Chantilly.

— M. Masson fait le récit suivant de l'excursion du 7 juillet, au lieu dit le Camp de César, commune de Gouvieux, par plusieurs de nos collègues : MM. Ernest Corbie, le chanoine Delpeuch et Abrand.

« Après avoir jeté un coup d'œil d'ensemble sur le camp et ses flancs escarpés, nous avons parcouru le rempart qui en défend l'accès du côté de la plaine : nous avons constaté en plusieurs points des traces de combustion, terre rougie par le feu, charbons, cendres.

« Mais c'est surtout aux deux extrémités de la partie récemment déblayée, que nous avons pu juger le mieux la structure interne de cette levée de terre : le déblai a fait apparaître deux coupes très nettes qui montrent les couches de terre superposées. Au milieu d'une masse de craon de 15 mètres de largeur sur 4 mètres de hauteur, nous avons vu un amas ou noyau central composé de terre brûlée, rouge comme de la brique, parsemée de pierres calcinées, de bois carbonisé, de cendres. Ce noyau peut avoir 3 mètres de largeur et 1 m. 50 de haut, il repose sur le sol naturel.

« Dans la partie déblayée qui a 25 mètres de long, cet amas calciné se poursuivait sans interruption. Cette constatation, réunie aux indices que nous avons recueillis à plusieurs points du rempart, fait présumer qu'une chaine de terre brûlée s'étendait d'un bout à l'autre. Trois coupes et un plan donnent l'image de cet état de choses. »

Parmi les hypothèses proposées, celle de M. le chanoine Delpeuch semble la meilleure : elle s'appuie sur certains passages tirés du Manuel d'Archéologie de Dechelette.

« Les enceintes préhistoriques sont situées sur des hauteurs nettement fortifiées... Les plus simples et les plus nombreuses ont pour assiette la pointe d'un promontoire à bords escarpés : il suffisait de fermer par un bourrelet de terre l'isthme opposé à la pointe, on obtenait ainsi un refuge du type éperon barré. »

Selon le même auteur et pour des raisons qu'on ignore, beaucoup de ces remparts étaient calcinés et même vitrifiés. Ils se composaient d'une banquette élevée entre deux fossés dont la fouille produisait les éléments, des bois entrecroisés soutenaient les parois et en assuraient la solidité.

Un rapprochement s'impose entre cette description et les découvertes du Camp de Gouvieux : il faut y joindre les trouvailles de silex taillés faites dans les environs. Dans son opuscule « A propos de quelques stations préhistoriques des environs de Senlis », feu le chanoine Müller déclare avoir dans sa collection, des haches, des pointes de flèches, des grattoirs, etc..., provenant du Camp de César. Des habitants de Gouvieux en possèdent aussi quelques spécimens.

Tous ces indices réunis suffisent-ils pour affirmer que l'on se trouve en présence d'une enceinte néolithique ? C'est la question que nous posons.

M. le Président félicite et remercie comme il convient M. Masson, dont l'étude consciencieuse et instructive fournira une contribution de premier ordre à l'histoire du Camp de César de Gouvieux. Notre Société qui suit toujours avec intérêt ces études consacrées à la géographie historique de notre région, décide que les rapports éclairés de notre éminent confrère relatifs au lieu dit « le Camp de César de Gouvieux », seront publiés en annexe aux procès-verbaux de l'année courante.

— M. Louat et M. l'abbé Cavillon signalent certaines découvertes archéologiques assez intéressantes faites récemment à Chamant, par les ouvriers occupés à creuser les fondations du monument aux morts de la commune pendant la grande guerre 1914-1918.

A deux mètres de profondeur on a mis à jour :

1° Un banc de pierre ou plutôt des blocs de pierres régulières et de niveau, constituant une série de dalles routières parfaitement caractérisées ; par place, l'ornière a plus de 0 m. 10 de profondeur, l'écartement entre les deux ornières ou sillons parallèles est exactement de 1 m. 05 — ce qui est la largeur normale des anciens chemins gaulois, — les voies romaines étaient plus larges et portaient généralement 1 m. 35 entre les deux raies.

2° Des débris de colonne, plusieurs morceaux de pierre façonnée, trois ou quatre motifs de sculpture assez fruste, dans le goût du XIV° siècle, autant qu'on peut en juger, et n'est-ce pas précisément le style de cette époque qui domine dans l'architecture générale de l'église de Chamant ?

3° Trois squelettes d'adultes, intacts, placés avec une certaine symétrie et gardant encore les bras visiblement croisés sur le thorax. Aucun objet funéraire proprement dit n'accompagnait ces corps, si ce n'est, non loin d'eux :

4° Une médaille de bronze à l'effigie quelque peu effacée de Louis XV, portant en exergue cette inscription latine : *Sit nomen Domini benedictum*, avec la date très nette : 1741.

Pour expliquer le hasard de ces curieuses trouvailles, en même temps que pour éclairer l'opinion, il est bon de noter que l'ex-voto aux morts glorieux s'élève à l'entrecroisement d'un petit chemin appelé « Chemin Vert », allant du Poteau à Balagny, et de la vieille route qui traverse le village de Chamant pour se diriger vers Le Plessis. Il n'est pas moins indispensable de rappeler que le carrefour formé par l'intersection de ces deux chemins était précédemment occupé par un calvaire composé : d'un soubassement en maçonnerie en forme d'autel ou de tombeau, d'un fût de colonne monolithe se dressant à environ deux mètres de hauteur sur la table du soubassement servant de piédestal, le tout couronné d'une croix de fer avec Christ en fonte.

D'après toutes ces données suffisamment indicatives, est-il donc si téméraire d'admettre :

a) Que les dalles routières, avec les dimensions de leurs sillons et leur orientation désignent l'emplacement primitif et marquent le tracé naturel d'une ancienne voie gauloise desservant le pays dans toute sa longueur et aboutissant à ses deux extrémités, à la Chaussée Pontpoint du côté du nord et à la Chaussée Brunehaut au sud.

b) Ne peut-on pas soutenir que les débris de colonne, les pierres de construction, les fragments sculptés, ont fait partie d'un autre édifice préexistant qu'on aura voulu remplacer. Comment, du reste, expliquer autrement la présence en ces lieux de semblables matériaux ?

c) Et conséquemment, les ossements humains trouvés à côté de ces ruines, mais non confondus ni mélangés avec elles, ne seraient-ils pas les corps des donateurs ou constructeurs du second monument-substitué au premier? En tout cas, le parfait état de conservation de ces corps, leur attitude symbolique nous disent qu'ils ne sont probablement pas là depuis de bien longs siècles.

d) Enfin, la médaille avec sa date et son inscription assez singulière, peut bien, il nous semble, être considérée comme une pièce commémorative ; la chose est d'autant plus vraisemblable, que le calvaire décrit ci-dessus et qu'on peut voir à présent dans un autre endroit non moins avantageux, ressemble de tout point à la plupart des croix érigées au XVIIIe siècle dans toute la région senlisienne, et notamment à Senlis, à Balagny, à Barbery, à Mont-l'Evêque, etc...

Telles sont les hypothèses que les susdites découvertes de Chamant nous ont suggérées.

— Après le règlement de l'ordre du jour de la prochaine réunion, la séance est levée à quatre heures et demie.

Le Secrétaire,

A. CAVILLON.

SÉANCE DU 10 NOVEMBRE 1921

PRÉSIDENCE DE M. LÉON FAUTRAT, PRÉSIDENT.

— La séance est ouverte à deux heures.

— Etaient présents : Mlle Mancheron, MM. Abrand, l'abbé Cavillon, Corbie Ernest père, Corbie Ernest fils, le chanoine Delpeuch, le comte Arnauld Doria, Dufresne, Fautrat Léon, Fautrat Georges, Fleury, Gosselin, le colonel Henriot, Louat, Macon, le baron de Maricourt, M. de Martignac, Masson, Tardif, Touflet, Troncin, le comte Turquet de la Boisserie et Verdeau.

— M. Dervaux s'excuse de ne pouvoir assister à la séance.

— M. Turquet de la Boisserie François regrette d'avoir été empêché à la dernière heure.

— Le procès-verbal est lu et adopté.

— On donne connaissance de la correspondance et des publications reçues par la Société.

— La Société du Droit, 22, rue Soufflot, Paris, qui travaille à promouvoir la publication des Chartes de franchises des Villes de France depuis les origines jusqu'à la Révolution, nous adresse une circulaire pour nous demander de l'aider dans son œuvre. En vue d'assurer l'uniformité du travail, la Société susdite a établi des modèles de fiches de recherches et de documents, qu'elle sera heureuse de mettre à la disposition de ses collaborateurs volontaires.

— M. le Président fait part à la Société de la mort de M. Mahon qui faisait partie du Comité depuis 1899. Le dévouement et l'urbanité de M. Mahon étaient tels, que sa mort a causé d'unanimes regrets. Nous envoyons à tous les siens l'hommage de nos sympathiques condoléances.

— M. Jean Linzeler, M. le comte de Coulombiers et M. le comte Arnauld Doria, présentés à la séance d'octobre, sont inscrits au nombre des membres titulaires de notre Société.

— Trois nouvelles présentations sont faites. C'est d'abord celle de M. le comte Robert de Caix de Saint-Aymour, qui désire continuer de représenter parmi nous son vénéré père, notre bien regretté vice-président. Le nouveau postulant a pour parrains MM. Fautrat et Maçon.

M. Desaubliaux, avenue de Compiègne, à Senlis, est présenté par Mgr Dourlent et M. Louat.

M. Fautrat et M. Langlois présentent M. Georges Mauboussin, 29, avenue d'Antin, à Paris.

Selon le règlement, il sera statué sur ces présentations au cours de la prochaine réunion.

— Le colonel Henriot fait une lecture des *Souvenirs d'un Poilu du 57ᵉ Régiment d'Infanterie*, qui a pris part aux événements militaires qui se sont passés au Mont-Renaud (près de Noyon), du mois de mars au mois de mai 1918. Ces souvenirs sont extraits du *Carnet de la Sabretache*.

Notre confrère s'excuse de ne pouvoir pas nous donner le texte du manuscrit dont la reproduction est interdite ; mais ne peut-on pas dire qu'il y supplée, en quelque sorte, par l'excellente analyse qu'il nous en fournit et par les commentaires qu'il a su y ajouter.

« On n'a pas oublié dans notre région l'émotion produite par la nouvelle de la rupture du front anglais à Saint-Quentin et de l'infiltration des forces allemandes dans la haute vallée de l'Oise. Ce n'est qu'à hauteur de Noyon que les troupes françaises, transportées en toute hâte dans cette région, purent arrêter les avant-gardes ennemies, en stabilisant la défense qui s'organisa sur la ligne Lassigny - Noyon - forêt de Carlepont.

« Le Mont-Renaud qui barre la vallée de l'Oise au S.-O. de Noyon offrait une position importante pour arrêter la marche des Allemands sur Compiègne ; aussi mirent-ils à s'en emparer un acharnement qui n'a eu d'égal que l'énergie des troupes françaises chargées de la défense.

« L'auteur de ces souvenirs, qui était caporal au 57ᵉ régiment d'infanterie, nous initie à la vie intime des unités de ce régiment, et retrace d'une manière émouvante les événements dramatiques dont il a été le témoin et qui donnent une idée exacte de la valeur des chefs et des soldats — sans oublier l'aumônier — qui ont combattu pendant plus d'un mois au Mont-Renaud, attaqué vingt-et-une fois par les Allemands.

« Le 57e régiment d'infanterie qui s'est conduit d'une manière si belle dans ces circonstances, s'était déjà distingué à la bataille de la Marne et à Verdun ; son drapeau a été décoré pendant la guerre.

« Le Mont-Renaud était couronné par un grand château, ancien monastère, qui appartenait depuis fort longtemps à la famille de Boulancy. Il a été détruit totalement par l'artillerie allemande, ainsi que les villages voisins de la colline qui servaient d'abris momentanés aux troupes françaises.

« En nous faisant assister à ce qu'il appelle « l'agonie du Mont-Renaud », l'auteur nous montre comment une troupe animée d'un moral élevé et commandée par des chefs énergiques peut défendre des ruines, tant qu'il reste des défenseurs et des munitions. »

Cette communication a été écoutée avec le plus vif intérêt, comme tout document relatif aux faits d'incursion ou de pénétration de l'ennemi dans notre région. M. le Président, charmé et ému à la fois d'entendre cette glorieuse page d'histoire concernant la défense des frontières de l'Ile-de-France, commentée et mise en lumière par un ancien guerrier qui, lui aussi, a su faire vaillamment ses preuves, félicite chaleureusement le Colonel de sa captivante lecture.

— M. le comte Arnaud Doria nous raconte en ces termes « le Raid de la 5e Division de Cavalerie dans le Valois en 1914 : »

« Nous sommes au 8 septembre 1914 ; la bataille de la Marne est engagée. L'armée Maunoury, récemment formée, attaque et est violemment contre-attaquée vers Nanteuil - le - Haudouin - Betz, par des forces supérieures. C'est alors que, pour opérer diversion, la 5e D. C., qui appartient au Corps Sordet, reçoit à dix heures du matin l'ordre suivant : « Quelles que soient la fatigue des chevaux et les difficultés à vaincre, « gagner les derrières de l'ennemi qui défend l'Ourcq, arriver aujourd'hui « même, coûte que coûte, sur la rive Est de cette rivière, dans la région « de La Ferté-Milon, y faire entendre le canon pour aider à déterminer « chez l'ennemi un mouvement de retraite ». Et voici la cause de cette fatigue extrême : depuis les premiers jours d'août, le Corps de Cavalerie a sillonné les routes de France et de Belgique, combattant sans cesse devant Liège, à Charleroi et au cours de la dure et longue retraite qui, par Scrawilliers, Vend'huile, la vallée du Thérain, les mena jusque dans la région parisienne. Et ce sont ces mêmes cavaliers qui, malgré les revers subis, vont nous donner maintenant le spectacle d'un rare entrain et d'une mâle énergie !

« A midi, la 5e D. C., forte d'environ deux mille trois cents cavaliers, artilleurs et cyclistes, sous le commandement du général de Cornulier Lucinière, quitte Lévignen, se dirige vers Crépy-en-Valois où les chasseurs de la 5e brigade légère viennent de faire sauter un important parc de munitions allemand et s'engage dans la forêt de Villers-Cotterêts.

En colonne par 2, dans d'étroits layons élargis à la hache, les cavaliers suivent l'itinéraire tortueux et comme magique par lequel le général de Cornulier, guidé par le capitaine Jacques Moreau, de Coyolles, évite les garnisons ennemies de Gondreville, Ivors, Boursonne et les carrefours importants, surveillés étroitement.

« Un avion et un convoi automobile allemands sont surpris et détruits. Le général commandant décide de passer l'Ourcq au pont de Troësnes, situé à 12 kilomètres à l'intérieur des lignes ennemies. Un parc d'aviation, des réserves d'infanterie et l'Etat-Major de von Klück lui-même, sont alertés et vigoureusement attaqués sur le plateau de Mosloy. Et tandis que l'artillerie bat des objectifs intéressants et variés, les escadrons, entraînés par le brave colonel Robillot, chargent sans répit et se heurtent à des réseaux de fil de fer défendus par des mitrailleuses qui entravent leur progression. A la nuit, la division se replie et, à la faveur des ténèbres, gagne, sans être inquiétée, les lisières Est de la forêt de Villers-Cotterêts, où elle bivouaque.

« La mission reçue : « faire entendre le canon sur la rive est de « l'Ourcq » est brillamment remplie. Cependant, le lendemain 9, après quelques heures de repos et dès 4 heures du matin, le général de Cornulier Lucinière repart avec ses escadrons, se proposant de prolonger plus avant dans les lignes ennemies son raid téméraire. Les observatoires abondent dans la région Nord de Norroy, on y découvre les routes venant de Soissons et allant au front de l'aile droite des armées allemandes. La division, tout entière, s'y transporte ; un Etat-Major d'Etapes est capturé, des convois aperçus sont canonnés et attaqués.

« A midi, le général de Cornulier Lucinière, qui se trouve à cette heure à la cote 197, au sud de Villers-Hélon, fait appeler le lieutenant de Gironde et lui donne une mission de « découverte » vers Soissons, avec ordre de rejoindre ensuite la région de Nanteuil. Composé des pelotons de Kérillis, de Vilaine, de Villelume et Ronin, l'escadron du 16ᵉ dragons, que commande de Gironde, se dirige par la vallée de Savières, vers Soissons et pendant plusieurs heures épie, au moyen de petites patrouilles, toute cette partie de la plaine du Soissonnais. Les renseignements ainsi obtenus sont intéressants et nombreux et nos cavaliers songeant au retour s'approchent déjà de la forêt de Villers-Cotterêts, quand de nombreux coups de feu partent soudain des fourrés. Que faire ? Forcer le passage serait folie. Aller vers le sud-est ? la division n'y est plus et cette région est bourrée de troupes hostiles. Un seul parti reste à prendre : remonter vers le nord-ouest ; il en fut ainsi décidé. L'escadron gagna la vallée de la Valsery mais se heurta aux ponts de Cœuvres et de Laversine à des barricades occupées par l'ennemi. Alerte ! de Gironde n'insista pas et à minuit un habitant du pays lui ayant indiqué le gué sauveur, il gravit le plateau de Mortefontaine et s'installa dans la ferme inoccupée de Vaubéron. Le commandant de cet héroïque escadron envisageait déjà l'organisation de la défense, lorsqu'un valet d'écurie vint affirmer que, non loin de là, un parc d'avions avec de nombreuses automobiles s'établissaient aux abords de la Ràperie. Malgré l'épuisement de tous, Gironde l'attaque immédiatement, à pied et à cheval. De Kérillis se glisse, en rampant avec ses hommes, jusqu'au bivouac et répond au *Wer da !* d'une sentinelle par un triple feu de salve, tandis que le peloton de Gaudin de Vilaine charge dans la nuit soudain éclairée par une voiture automobile en feu... Gironde est mortellement blessé ; de Kérillis prend possession du commandement au cri de : « A l'assaut »! Et c'est une mélée affreuse au cours de laquelle de Kérillis est mis hors de combat après un rude corps à corps. Le cavalier Cossenet se fait tuer en voulant le secourir, mais d'autres dragons parviennent à force d'héroïsme à le soustraire à l'ennemi.

« Ecrasé sous le nombre, l'escadron ne compte plus qu'une trentaine d'hommes ; ceux-ci, sous la direction des lieutenants de Villelume et Ronin, se replient sur Hautefontaine et arrivent le lendemain, au jour, à Saint-Etienne où ils se déguisent en paysans. Les officiers, voulant à tout prix conserver leur uniforme, se réfugient dans une creute où, découverts par les boches, ils offrent à coups de revolver une suprême défense.

« Ainsi se termina dans l'héroïsme, cette page magnifique que l'escadron de Gironde venait d'écrire avec le sang de ses braves... »

M. le comte Arnaud Doria, dont la jeune érudition nous donne de si belles espérances, promet de continuer, après l'hiver, la lecture de ces précieux documents.

Par son style plein de mouvement et d'exaltation, par ses descriptions si adéquates aussi bien que par ses tableaux extraordinaires de précision et de réalité, notre historien militaire nous fait pour ainsi dire assister aux chevauchées fantastiques, aux combats héroïques, aux prodiges de bravoure de toute sorte, accomplis alors dans le Valois par la 5ᵉ Division de Cavalerie et qui aboutirent à la première victoire de la Marne. Inutile d'ajouter que d'aussi mémorables souvenirs rapportés d'une façon si émouvante ont produit une profonde impression sur les auditeurs et ont soulevé les applaudissements de toute la nombreuse assemblée.

— M. Louat rend compte de la visite récente de la Société Française d'Archéologie :

« Le dimanche 6 novembre, la Société Française d'Archéologie, conduite par le maître Lefèvre-Pontalis, assisté de M. Marcel Aubert, l'érudit auteur de la Monographie de notre cathédrale, est venue visiter Senlis.

« Arrivé à 10 h. 17, le groupe, comprenant une cinquantaine de personnes, parmi lesquelles quelques archéologues de Clermont, M. Chevalier et le docteur Parmentier entre autres, est reçu à la gare par M. Léon Fautrat, notre président, et M. Louat, notre trésorier. M. Lefèvre-Pontalis l'entraîne aussitôt à Saint-Vincent puis à Saint-Pierre ; l'éminent professeur s'attarde un peu dans ce monument qu'il connaît à fond et qu'il affectionne tout particulièrement ; il détaille les diverses époques de sa construction et fait remarquer les jolies ornementations flamboyantes exécutées à la Renaissance, fait admirer le portail sur lequel la date 1506 se lit parfaitement, le vieux clocher et sa pyramide à crochets, etc... Puis il nous fait l'honneur, pendant que le vent souffle en rafales, de conduire ses auditeurs dans notre salle de séances et notre musée où après avoir très aimablement rappelé les travaux de notre Comité et évoqué la mémoire du regretté chanoine Müller, il signale à l'attention des visiteurs les curieux « ex voto » du temple d'Halatte.

« Nos hôtes continuent leur promenade par Saint-Frambourg, où une conférence des plus intéressantes est faite par M. Aubert; l'heure du déjeuner les amène ensuite au Grand-Cerf; M. Fautrat est au nombre des convives et des toasts sont échangés entre M. Lefèvre-Pontalis et lui.

« Vers 13 h. 30, les archéologues sont au Vieux Château, cet admirable échantillon des styles depuis les constructions romaines jusqu'aux œuvres de la Renaissance; quelques-uns de nos collègues, M. le baron de Maricourt, vice-président, M. Langlois, les ont rejoints. Après un coup d'œil jeté sur le Cloître de l'Hôtel-Dieu, tout le monde se groupe à la Cathédrale dont une visite minutieuse commence; elle terminera cette instructive et fort agréable journée.

« Une conférence est faite par M. Aubert qui résume de façon remarquable sa si complète étude et fait toucher du doigt, pour ainsi dire, tout ce qu'il faut remarquer et admirer dans cet édifice du douzième siècle, l'un des premiers construits en France dans le style gothique, auquel des additions importantes ont été faites au treizième et au seizième siècle. En terminant, il félicite et remercie notre Archiprêtre qui est venu faire les honneurs de sa Cathédrale. »

— La séance est levée à quatre heures.

Le Secrétaire,

A. CAVILLON.

SÉANCE DU 8 DÉCEMBRE 1921

PRÉSIDENCE DE M. LÉON FAUTRAT, PRÉSIDENT

— La séance est ouverte à deux heures.

— Étaient présents : M*** Vatin, M*** Mancheron, MM. l'abbé Cavillon, Corbie Ernest, Fautrat Léon, Gosselin, Hallo, colonel Henriot, Louat, Macon, le baron de Maricourt, Masson, Sagny, Toufflet et Verdeau.

— MM. Abrand et Troncin, empêchés de venir à la séance, le font savoir et sont excusés.

— Le procès-verbal de la séance de novembre est lu et adopté.

— On donne connaissance de la correspondance et des publications reçues par la Société.

M. Lemarié, à qui le mauvais état de santé ne permet plus de s'occuper activement d'archéologie, manifeste, par une correspondance attristée, son intention de donner sa démission. La Société se rendant au désir du sympathique confrère, lui exprime tous ses regrets de ne plus le compter, désormais, au nombre de ses membres.

— M. le Conservateur de notre musée présente un certain nombre de pièces d'antiquités provenant des fouilles de Vertault (Côtes-d'Or) et offertes par M. Lorimy, conservateur du Musée de Châtillon-sur-Seine.

Ce sont des fragments de poteries diverses : vases à reliefs, unis, incisés, etc.

Des ferrements : clous, charnières, penture, entrée de serrure, crochets, etc.

Objets en os : épingles, pions, cuillères, cylindres percés de trous et considérés comme éléments de charnières de coffres.

Coquilles d'huîtres, défenses de sangliers.

Un morceau de brique avec empreinte de patte de chien.

Des remerciements sont adressés au donateur.

— M. le Président exprime les regrets qu'a causés à la Société la mort de M. Emile Guérin, survenue récemment. Cet éminent confrère, qui avait acheté le château de Villers-sous-Saint-Leu, s'intéressait à toutes nos recherches locales et savait apprécier l'utilité de nos travaux.

— M. le comte Robert de Caix de Saint-Aymour, MM. Desaubliaux et Mauboussin, présentés lors de la dernière réunion, sont admis comme membres titulaires de la Société.

— Est présenté par MM. Macon et Georges Fautrat, M. Robert de Billy, ✳, avocat à la Cour d'Appel, 22, rue du Plessis, à Creil, et 6, rue Robert-Estienne, à Paris.

Selon le règlement, il sera statué sur cette présentation au cours de la prochaine réunion.

— Dans une étude extrêmement substantielle et écrite de cette plume harmonieuse et vibrante qui lui est propre, M. le baron de Maricourt, reprenant un sujet qu'il avait traité sous une autre forme avant la guerre, nous conte l'histoire, aux XVIIe et XVIIIe siècles, de la célèbre abbaye de Gomerfontaine et de ses abbesses, Mesdames de la Viesville et de Nadaillac. Il nous montre le relèvement d'une abbaye, nous fait entrer dans le détail coutumier de la vie conventuelle, brosse en maître une série de tableaux sur la règle des sœurs Cisterciennes, leur existence claustrale, leurs labeurs, leur situation financière, l'organisation économique d'un couvent, etc... Cette étude locale est d'ailleurs pour lui le clou auquel il attache de multiples et très instructifs feuillets d'histoire générale. Il dessine délicieusement et met en parfait relief deux curieuses figures de premier plan : la mère Angélique Arnauld et Mme de Maintenon, qui sont les protectrices de Gomerfontaine, et y font sentir leur double action si différente l'une de l'autre. Il profite de cette occasion pour nous donner des pages inédites sur la royale éducatrice, le Jansénisme, la réforme des couvents au xviie siècle ; en même temps, il ne manque pas de redresser, par des réflexions personnelles, par des citations de textes commentés avec une érudition aussi sûre que rigoureuse, maintes erreurs sur la vie soi-disant luxueuse des couvents de l'ancien Régime, tandis qu'il nous dépeint, avec une entière impartialité, leur vie de labeur et de privations.

Après un intermède sur une histoire romanesque des temps révolutionnaires dans notre région, qui sera lu à la prochaine séance, notre confrère reprendra cette histoire de Gomerfontaine, toujours fertile en enseignements.

Ce fut un grand plaisir pour les membres de la Société que de suivre la lecture d'une étude aussi approfondie, où l'on trouve des observations d'une minutieuse vérité, une suite de particularités anecdotiques présentées avec un art charmant et une pénétration de sentiments qui atteint jusqu'à la mystique de l'éducation idéale de la jeunesse féminine.

— M. Macon prend ensuite la parole pour continuer ses intéressantes communications sur la vie des princes de Condé à Chantilly. Il nous parle aujourd'hui du prince Louis-Joseph, né en 1736, mort en 1818. Après quelques mots sur le caractère de ses oncles et tuteurs, les comtes de Charolais et de Clermont, il nous montre le jeune prince fêté par ses vassaux lors de sa première apparition à Chantilly en 1748, puis épousant par amour, en 1753, la fille du prince de Soubise, jeune et charmante princesse enlevée à la fleur de l'âge en 1760, laissant deux petits enfants, le duc de Bourbon et la princesse Louise. Son court passage à Chantilly fut un rayon de soleil qui éclaira de nombreuses fêtes. Puis le prince de Condé divertit son chagrin dans les travaux de la guerre et remporta deux des rares succès de la guerre de Sept Ans. A son re'our à Chantilly, il fut accueilli avec enthousiasme par la population et harangué par le célèbre abbé Prevost, qui pour la circonstance composa et chanta de piètres couplets. Un autre poète qui n'était guère meilleur, Poinsinet, organisa les détails d'une fête champêtre en 1767. Mais c'est surtout l'étude des lettres et des arts qui passionna le prince de Condé, sans parler des embellissements de Chantilly dont il s'occupa sans cesse ; il y créa le Jeu de Paume, le pavillon de Vénus, la salle de spectacle, très richement décorée et où lui-même jouait la comédie avec ses amis. Atteint comme ses prédécesseurs de la manie de la pierre, il fit aussi construire à Paris le Palais-Bourbon, qui lui coûta 25 millions et qu'il n'habita guère.

Mais l'heure s'avance, et M. Macon, vivement félicité, est obligé de remettre à la prochaine réunion la suite de son intéressant travail. La séance est levée à quatre heures.

Le Secrétaire,

A. CAVILLON.

SÉANCE DU 12 JANVIER 1922

PRÉSIDENCE DE M. LÉON FAUTRAT, PRÉSIDENT

— La séance est ouverte à deux heures.

— Étaient présents : MM. Abrand, l'abbé Cavillon, Corbie Ernest père, Corbie Ernest fils, le chanoine Delpeuch, Fautrat Léon, Fautrat Georges, Gosselin, Langlois, Louat, Macon, Mareuse, le baron de Maricourt, Masson, Sagny, Touflet, Verdeau et l'abbé Yamollet.

— Excusés : M. de Noussanne et M. le comte Arnauld Doria.

— Après la lecture et l'adoption du procès-verbal, on fait l'énumération des publications périodiques et des différents objets déposés sur la table du Bureau.

— Lettre de M. de Noussanne :

Monsieur le Président,

Dans un but de propagande favorable à l'Entente et à la commémoration de la Victoire de 1918, le professeur Giuseppe Cassioli, de Florence, a été chargé, au lendemain de la guerre, d'établir une sorte de résumé de la terrible mêlée, en une page qui, frappée sur un métal, serait un souvenir durable.

Malheureusement, l'illustre statuaire, surchargé de travaux dans son pays, puis malade, n'a livré que très tardivement son travail. Lorsque le bloc d'acier a été prêt pour la frappe, on s'est rendu compte que la hausse des métaux et le retard, diminutif d'intérêt pour le public, rendaient à peu près impossible la diffusion commerciale de la page synthétique, demandée au grand artiste florentin.

Il a fallu renoncer au projet d'abord adopté. On s'est contenté de frapper cinq exemplaires sur cuivre, puis le bloc a été renvoyé à la fonte.

J'ai l'honneur d'offrir un de ces cinq exemplaires au Musée de la Société d'Histoire et d'Archéologie de Senlis.

Veuillez agréer, Monsieur le Président, l'hommage de mes plus distingués sentiments.

Henri de NOUSSANNE.

Cette artistique plaquette est fort admirée par nos confrères, qui adressent au généreux donateur leurs remerciements les plus sincères.

— M. le Président donne lecture d'une lettre de M. le comte Arnauld Doria, qui, d'Arcachon, adresse à la Société ses excuses et ses vœux. Il sera de retour au début de février et continuera, dans la séance de ce mois, la lecture de son intéressant travail sur le Raid de la 5me Division de Cavalerie dans le Valois au début de la guerre.

— C'est enfin la Société archéologique de Tarn-et-Garonne, qui adresse à notre Comité, pour 1922, des réflexions en vers latins, où, rappelant l'œuvre destructive du temps, qui vient à bout de tout, elle exprime, en vers gracieux, que les Sociétés archéologiques font revivre le passé de leur pays, et rendent aux lumières de la vie ce qui est dans les ténèbres. En se livrant à ces utiles études, ô Société sœur, tu glorifieras ta petite patrie, les heures et les jours te paraîtront courts et agréables, et les autres sociétés liront avec avidité tes rapports et tes écrits.

1922

« TABIDA CONSUMIT FERRUM LAPIDEMQUE VETUSTAS » [1]
LENTO TEMPUS EDAX RERUM VORAT OMNIA LETHO.
NAM MONUMENTA RUUNT UBIVIS, PEREUNTQUE RUINÆ.
NOS QUIDQUID REDOLET VETERES SERVAMUS AMANTER :
RELLIQUIAS, TABULAS, ANNALES, TEMPLA, SEPULCRA,
NECNON NOSTRORUM PATRUM INCLYTA DICTA VEL ACTA !
SIC SOROR, ERGO SUMUS CUSTODES TEMPORIS ACTI;
HISTORIÆ FAMULÆ VIGILES, FIDIQUE MINISTRI
HIC LABOR EST IGITUR TUUS, HOC OPUS UTILE NOSTRUM !
IN REGIONE TUA, SI SINT, MONUMENTA CELEBRA.
FABELLAS ETIAM STUDIOSE COLLIGE PRISCAS.
HOC FACIENS PATRIAM PARVAM DECORABIS HONORE,
SICQUE TIBI CELERES HORÆ SUAVESQUE VOLABUNT.
MUSARUM CULTUS MENTI FIT SEMPER AMÆNUS.
SI MEMINISSE JUVAT NARRARE EST DULCE LEVAMEN.
NARRA, SCRIBE, LEGENT AVIDE TUA SCRIPTA SORORES.

La Société Archéologique de Tarn-et-Garonne
Montauban.

— Après ces préliminaires, M. le Président sait trouver dans son cœur de belles et chaudes paroles, pour exprimer à ses confrères tous les vœux et souhaits que la nouvelle année lui inspire, pour la prospérité et la longévité de notre Société. Après avoir évoqué la mémoire des membres disparus, il affirme la vitalité nouvelle de notre Compagnie, et signale, dans ses grandes lignes, les services qu'elle a rendus à l'archéologie et à l'histoire de la région.

— M. Linzeler Jean, un de nos nouveaux confrères, ayant versé la somme de 150 francs entre les mains de M. le Trésorier, sera inscrit au nombre des membres perpétuels. M. le Président remercie M. Linzeler du témoignage de sympathie et d'attachement qu'il donne à notre Société en y entrant.

M. Robert de Billy, présenté à la réunion de décembre, est admis comme membre titulaire.

M. et Mᵐᵉ Gallé, de Creil, sont présentés par M. l'abbé Delpeuch et M. Masson.

M. O. Boutanquoi, directeur d'école à Vineuil-Saint-Firmin, est présenté par MM. Macon et Tremblot.

---

(1) Ovide.

Mme la comtesse de Brossard, fille de notre regretté vice-président le comte de Caix de Saint-Aymour, demande à faire partie de la Société en souvenir de son père. (Elle habite à Paris, 15, rue Saint-Didier, xvie). Elle est présentée par MM. Fautrat et Louat.

— M. Louat, le diligent et scrupuleux trésorier, présente, avec netteté et précision, l'état financier de la Société et le budget de 1922. La lecture de ce rapport a amené la discussion de diverses questions de détail, et en particulier a fait émettre par tous les membres présents le vœu que la ville de Senlis reprenne la tradition d'autrefois de donner une subvention à cette savante Société, « l'orgueil et l'honneur de la cité ».

M. Léon Fautrat et M. Louat, en leurs qualités de conseillers municipaux, sont désignés pour transmettre ce désir, si grandement justifié, à M. le Maire de Senlis.

COMPTES DE L'EXERCICE 1921

« Les comptes de 1920 prévoyaient une rentrée de 317 fr. 10 pour cotisations non encore payées et 8 fr. 55, coût d'une vente de volume : ces recettes ont été faites et même dépassées en ce qui concerne les cotisations. Ils laissaient à régler une somme de 369 fr. 50 (127 fr. 55 et 241 fr. 95) due à M. Vignon, imprimeur. Ce règlement a été fait également. Nous pourrons donc prendre tout à l'heure l'encaisse du dernier bilan telle qu'elle était prévue à la fin du compte, elle s'élevait à 1.064 fr. 05.

Je dis de suite pour ne plus y revenir qu'à la suite des fouilles entreprises et menées à bien par M. Corbie, notre si érudit et si actif collègue, dans la forêt de Compiègne près de Saint-Sauveur, le solde de la subvention de l'Institut, soit 200 francs, lui a été remis, et qu'ainsi les 500 fr. reçus ont été employés.

J'ajoute que pour la première fois depuis la guerre, nous avons eu l'honneur et le plaisir de recevoir une subvention départementale s'élevant à 325 francs.

Voici le détail des recettes de 1921 :

RECETTES

Cotisations arriérées de 1920.	43	30
Cotisations 1919.	1.542	30
Cotisations perpétuelles.	450	» »
Coupons de rente	131	50
Intérêts obligations Ville de Paris.	4	70
Intérêts des Bons de la Défense nationale.	35	20
Locations de jardins (solde 1920 et 1921)	121	55
Intérêts du livret de Caisse d'épargne	9	36
Ventes de volumes et gravures.	222	80
Subvention départementale	325	» »
Don de M. Fautrat	400	» »
Total.	3.285	71

L'augmentation des cotisations et le zèle de nos sociétaires et collègues ont amené une recette supérieure de beaucoup à celles des années antérieures ; commencé plus tôt, le recouvrement est depuis longtemps terminé. La vente des volumes n'a jamais été aussi importante, l'activité et le zèle de **M.** Abrand y ont puissamment contribué. Enfin les loyers des jardins sont doublés.

DÉPENSES

Loyer.	500	50
Concierge	30	»»
Assurance.	20	35
Contributions.	4	10
Imprimerie (solde 1920 et 1921)	301	60
Timbres-postes et de reçus	16	35
Frais de recouvrement des cotisations	76	»»
Imprimerie (acompte).	400	»»
Etrennes au facteur	5	»»
Travaux au musée et acquisitions.	269	95
Travaux aux arènes (acompte)	550	50
Charbon, facture arriérée	62	90
Placements cotisations perpétuelles	450	90
Placements intérêts du livret de Caisse d'épargne	9	36
Total	2.697	51
Les placements excèdent de 0 fr. 90 plus 9 fr. 36 les sommes destinées à être placées soit 10 fr. 26, au total	10	26
Il a donc été dépensé réellement.	2.687	25

BALANCE

Recettes	3.285	71
Dépenses courantes	2.687	25
Il reste	598	46
Moins la somme (employée) Capitalisée	10	26
Reste disponible.	588	20

****

Mais le bilan de l'exercice comprend encore

1° le solde de la facture de M. Marie,
pour les travaux exécutés aux Arènes . . 675 80

2° La facture des Imprimeries Réunies
de Senlis :

Convocations et affranchisse-
ments 187 85

Volume 1919-1920 . . . . 1.651 »»

   Total 1.838 85

Moins acompte versé . . . . 400 »»

       1.438 85 1.438 85

           2.114 65

Les disponibilités pour y faire
face sont :

1° Le boni sur les recettes 1921. 588 20

2° Les disponibilités en fin
d'exercice 1920 : 1.064 fr. 05.
dont il y a lieu de déduire le
montant du livret de Caisse
d'épargne 195 fr. qui s'y trouvait compris et que le trésorier propose de laisser pro-
visoirement comme réserve,
soit 1.064 fr. 05 — 195 = 869 05

   Total 1.457 25

Somme qui est représentée actuellement par :

1° Bons de la Défense nationale 900 »»

2° Espèces en caisse. 538 75

3° Dépôt à la Banque de France 18 50

   Total 1.457 25 1.457 25

  Balance faite, il y a un déficit de 657 40

Dans le dernier bilan il était signalé qu'une somme de 30 fr. 75 formant capital restait non placée ; le trésorier propose qu'elle soit considérée comme réunie aux sommes figurant sur le livret de Caisse d'épargne, de façon qu'elle ne soit pas retirée des disponibilités ci-dessus.

BUDGET POUR 1922

RECETTES

Cotisations environ	1.500	»»
Loyers des jardins.	115	»»
Coupons de la rente 3 0/0	85	»»
— — 6 0/0	51	»»
— des Obligations Ville de Paris . .	4	70
Vente de volumes.	80	»»
Subvention	325	»»
Total	2.160	70

DEPENSES

Loyer	500	50
Concierge.	30	»»
Etrennes au facteur.	5	»»
Assurance.	21	»»
Contributions	5	»»
Chauffage.	30	»»
Timbres-poste	20	»»
Timbres-quittance et frais de recouvrements.	80	»»
Bulletins de convocation, frais d'imprimerie, fournitures de bureau.	300	»»
Ensemble	991	50
Déficit de 1921	657	40
Total.	1.648 90	1.648 90
Reste		511 80

L'actif de la Société comprend :

Son Musée et sa Bibliothèque ;
Les Arènes ;
85 fr. de rente 3 0/0 ;
51 fr. de rente 6 0/0 ;
2 quarts obligations Ville de Paris (1910) ;
Un livret de Caisse d'épargne ;
présentant un actif de. 204 36

De vifs remerciements sont adressés à M. Louat, et différentes mesures sont envisagées pour améliorer notre situation financière.

— M. le baron de Maricourt extrait de ses archives familiales le récit, plein de finesse et d'humour, d'une idylle sous la Terreur.

Le chevalier de la Renommière, revenant, au péril de sa vie, d'émigration, pour épouser Flore Saint-Audin, fille du châtelain de Pouilly, dans l'Oise, qu'il aime d'un amour contrarié, est appréhendé et enfermé au Temple, d'où une parente jalouse veut le faire marcher à la mort. Fin lettré, philosophe, le chevalier, dont l'amour s'exalte en sa prison, écrit près de 400 lettres à sa fiancée au cours de sa longue détention. Le style en est très harmonieux et dans le goût des âmes sensibles du temps ; on y sent l'influence de la nouvelle Héloïse et la venue prochaine de Lamartine. Notre distingué confrère fait, avec une délicatesse exquise, beaucoup de remarques sur cette philosophie très enflammée de l'époque, sur la liberté des allures au lendemain de la Révolution, sur la vie en prison, etc...

Ce roman d'ailleurs n'a rien que de convenable et finit au mieux. Joséphine de Beauharnais, qui a des obligations aux parents du détenu — qui la recevaient au château de la Renommière avant sa grandeur — intervient, sous le Directoire, auprès de Fouché. Flore épouse le chevalier qui devient un mari chrétien et un excellent soldat commandant de la garde royale sous la Restauration. Elle-même est morte de langueur, trois ans après son mariage, laissant deux filles, qui, après de romanesques mariages avec des officiers de la garde, meurent également à vingt ans. Leur jeune frère meurt à 14 ans, et son père s'arrache à son lit de mourant pour courir à l'insurrection de Vendée. D'un second mariage — qui ne le consolera jamais du premier — le romanesque La Renommière laisse un fils qui fut, à Saint-Louis de Senlis, le compagnon et l'ami de Canrobert.

— M. Macon continue la lecture de son travail sur Chantilly et le prince Henri-Joseph de Condé. Aujourd'hui il nous fait entrer dans l'intimité et la vie de famille du prince après son veuvage prématuré. Il nous le montre s'attachant à Marie-Catherine Brignolé, épouse séparée du prince Honoré III de Monaco, qui fut son amie fidèle à travers les épreuves de l'émigration et qu'il finira par épouser tardivement. Puis c'est son fils, le duc de Bourbon, qui à quatorze ans s'éprend de la fille du duc d'Orléans, l'épouse, et bientôt se détache d'elle après qu'elle lui a donné un fils, l'infortuné duc d'Enghien. Des fêtes et divertissements qui se succèdent alors à Chantilly, M. Macon nous fait un récit enchanteur, plein de verve et d'humour. De cette époque (1770-1775) datent la construction du château dit d'Enghien, la création du hameau et du jardin anglais qui l'accompagne, et l'invention d'autres agréments dont il ne reste plus trace. Les fêtes redoublent à l'arrivée de la fille du prince de Condé, la pieuse Louise, dont M. Macon nous contera le pur roman d'amour dans une séance ultérieure, l'heure avancée ne lui permettant pas de poursuivre plus loin son attachante lecture.

— On procède à la distribution du Bulletin, on règle l'ordre du jour de la prochaine réunion, et la séance est levée à quatre heures.

Le Secrétaire,

A. Cavillon.

SÉANCE DU 9 FÉVRIER 1922

PRÉSIDENCE DE M. LÉON FAUTRAT, PRÉSIDENT

— La séance est ouverte à deux heures.

— Étaient présents : Mme la comtesse Arnauld Doria, Mlle Mancheron, MM. l'abbé Cavillon, Corbie Ernest père, Corbie Ernest fils, le chanoine Delpeuch, le comte Arnauld Doria, Dufresne, Fautrat Léon, Fautrat Georges, Gosselin, le colonel Henriot, Louat, Macon, Masson, Sagny et Touflet.

— M. de Maricourt et M. Abrand, empêchés de venir à la séance, le font savoir et sont excusés.

— Après la lecture et l'adoption du procès-verbal, on donne connaissance de la correspondance et des publications reçues par la Société.

— Parmi les envois d'auteurs, à signaler un intéressant recueil de poésie, intitulé *Le Sang versé 1914-1918*, de notre confrère M. Georges Audigier, qui consacra, jadis, des vers charmants à notre antique cité, assez malicieusement appelée par lui *La Ville au Bois dormant :*

> Petite ville au nom si doux, Senlis en France,
>> Toi si près de Paris,
> Et pourtant aussi loin que Venise ou Florence,
>> Ton charme m'avait pris.
>
> . . . .
>
> Senlis, Senlis, petite ville si paisible,
>> Sur de vieux murs, ô fleur,
> Délicate oasis, solitude sensible,
>> Asile de mon cœur.
>
> . . . .

L'auteur du *Sang versé*, le délicat poète de la *Fidèle Chanson* et de *Vers la Victoire*, dit sa douleur d'avoir vu l'ennemi barbare venir jusqu'à Senlis, dont il fut, tour à tour, sous-préfet, conseiller municipal et député ; il dit aussi sa joie d'avoir pu contempler, dans toute sa splendeur, le triomphe de la justice ; il proclame le devoir des alliés de faire la paix puissante.

Lamartinien convaincu, ne comprenant pas le rêve sans l'action, M. G. Audigier, dont on sait l'actif dévouement à toutes les œuvres de guerre et d'après guerre, est actuellement secrétaire général de l'*Union fraternelle des Blessés de la Grande Guerre* ; il est ainsi qualifié pour offrir, lui aussi, de « beaux lauriers verts et lisses » aux héros inconnus :

> Tous les noms ne sont pas sur les listes sublimes,
> On ne voit pas au ciel tous les astres de feu.
> Gardant au cœur les noms des héros anonymes,
> La Gloire ne les dit qu'à Dieu.

Nous le félicitons d'avoir chanté avec tant d'émotion et de sentimentalité la valeur des combattants, la vaillance des infirmières, l'abnégation des médecins et des aumôniers, et de célébrer avec admiration et gratitude leurs inoubliables services.

— Mme la comtesse de Brossard, M. et Mme Gallé et M. Boutanquoi, présentés à la réunion de janvier, sont admis comme membres titulaires de la Société.

— M. Jean Vergnet, 113, faubourg Poissonnière, à Paris, est présenté par MM. Louat et Macon. Selon le règlement, il sera statué sur cette présentation au cours de la prochaine réunion.

— M. le comte Arnauld Doria reprend la lecture de la seconde partie de ses notes historiques sur le Raid de la 5ᵉ Division de Cavalerie dans le Valois, en 1914.

« Le 9 septembre, à midi, tandis que l'escadron Gironde se dirigeait vers Soissons, le commandant Joullié, recevait l'ordre du Général Commandant la 5ᵉ division de cavalerie, de désorganiser les convois et mouvements de troupes signalés sur la route d'Oulchy-le-Château à Soissons. Il emmenait avec lui ses deux escadrons du 22ᵉ Dragons et une section de mitrailleuses, soit un effectif total de 243 cavaliers.

« Parti de Louâtre, le détachement se porte sur la ferme de Contremain, située sur la route de Neuilly-Saint-Front à Soissons. Un barrage est établi contre lequel viennent bientôt butter quelques automobiles allemandes. Des balles dans les pare-brise et les parties vives des moteurs les obligent à stopper. Nos dragons les détruisent, tuent les occupants qui tentent de résister, se jettent dans le bois du Plessier. Ils abordent alors la route d'Oulchy-le-Château, à circulation plus intense que la précédente. A l'abri des arbres, la section de mitrailleuses se met en position, tandis que l'escadron Salverte se prépare au combat à pied. Le premier objectif qui apparaît est un important convoi ; on l'attaque aussitôt. Ce coup de surprise jette le plus grand désordre dans la troupe ennemie, mais des détachements de protection, vite ressaisis, prennent à partie les cavaliers ; le taillis sauveur permet une fois de plus au diable de rentrer à temps dans sa boîte. Ce qu'il fallait, en effet, c'était moins de battre l'ennemi que de le bousculer et de disparaître avant de s'être engagé plus à fond. Par Saint-Rémy-Blanzy, Corcy, le commandant Joullié atteignit la forêt silencieuse et lugubre. Le sillage tracé par le gros de la division, fut retrouvé, puis perdu, car la nuit tombait rapidement ; après une longue retraite sous bois, les escadrons arrivèrent vers minuit en lisière de la forêt ; un village, peut-être hostile, apparut alors, tout proche : Eméville. Impossible de rejoindre cette nuit la division Cornulier-Lucinière, qui a plusieurs heures d'avance sur ces hommes à bout de souffle !

« Le parti de se tapir à l'abri des derniers arbres de la forêt est aussitôt pris, et officiers et soldats s'endorment sur le sol, harassés de fatigue, la bride au bras. Ils ne se doutaient pas, les braves Français, qu'à quelques centaines de mètres de leur bivouac des sentinelles coiffées de casques à pointe, et qu'un simple repli de terrain masquait à la vue, veillaient sur la sécurité de tout un régiment ! Au jour, celles-ci alertent le camp ennemi et les dragons trop confiants sont réveillés en sursaut par une grêle de balles. L'affolement ne dure qu'un instant dans le bivouac, et, sous les balles qui pleuvent toujours, les pelotons sautent à cheval et se dirigent au galop vers Bonneuil-en-Valois. D'autres sections allemandes apparaissent soudain ; toutes les lisières du village sont occupées : l'encerclement va être complet. Sous le feu, nos dragons s'engagent dans un sentier menant en plein bois ; les mitrailleurs ne pouvant suivre doivent abandonner leurs pièces, pour éviter d'être pris. Séparés par le combat, les escadrons se retrouvent dans le hameau de May et, pour satisfaire leur faim, razzient une ferme après en avoir chassé les boches.

« La journée du 10 septembre se passe en forêt de Villers-Cotterêts, tout espoir de retrouver la division ayant été abandonné. Les patrouilles explorent les issues des bois, tandis que le demi-régiment reste terré dans un ravin, à l'abri des feuillages.

« Dans la soirée, un grand conseil est tenu, sous la présidence de leur chef, par les officiers du groupe Joullié. On se décide alors de tenter de nuit un suprême effort pour rejoindre l'armée française. A 22 heures, en ligne de peloton par quatre, les escadrons sortent de leur abri, traversent au galop plusieurs bivouacs devant les Allemands stupéfaits. chargeant sur tout ce qu'ils rencontrent et réussissant à se frayer un chemin jusqu'à la forêt de Compiègne. Sur le passage des cavaliers, qui se dirigent maintenant vers l'ouest en longeant la lisière de la forêt, un cri de chouette, répété de loin en loin, vient seul troubler le silence des heures... C'était un signal des boches indiquant le passage de la troupe. Après la traversée de la route de Gillocourt-Compiègne, des salves nourries, tirées à bout portant et allumant mille flammes courtes au creux des taillis, viennent semer la mort et jeter le désordre dans les rangs des cavaliers. Les dragons s'éparpillent dans la plaine de

Gillocourt ; le commandant les regroupe et la retraite semblant impossible par l'ouest, les escadrons repartent vers le sud, dans l'espoir d'atteindre la vallée d'Authonne toute proche. C'est alors qu'une compagnie d'infanterie allemande barre la route aux Français... Un cri s'élève : « Chargez, mes enfants ! » aussitôt répété par tous ces braves, il devint dans la nuit une grande clameur tragique qui domine le combat. La lance au poing, les cavaliers chargent l'ennemi mystérieux ; beaucoup de braves tombent pour ne plus se relever...

« Il serait trop long de conter les aventures des héros survivants ; leur retour dans les lignes françaises n'est qu'une longue suite d'odyssées incroyables. Disons seulement que le commandant Jouillé, pris sous son cheval tombé après la charge héroïque, fut fait prisonnier et que son demi-régiment, décimé et réduit au tiers de son effectif, regagna par petits paquets les divisions du Corps de Cavalerie qui, dès le lendemain 10 septembre, devait définitivement occuper le Valois à la poursuite des Allemands battus sur la Marne et sur l'Ourcq.

« Après avoir détaché de Villers-Hélon les reconnaissances Gironde et Joullié, le général commandant la 5ᵉ D. C., dirigea dans l'après-midi du 9 septembre ses trois brigades vers l'ouest, dans l'espoir de trouver le passage libre du côté de Crépy-en-Valois et de se rapprocher du Corps de Cavalerie. Il ignorait encore tout de la bataille de l'Ourcq, où il venait cependant de jouer un rôle si important... La division se remit en marche et, par Longpont, gagna la longue bande de forêt située au nord du bourg de Villers-Cotterêts. Elle pourrait ainsi masquer sa marche, tout en conservant l'occasion de se distinguer et de se rendre utile encore.

« Peu après l'entrée en forêt, l'escadron Wallace et un peloton cycliste formant l'arrière-garde, s'attaquent au carrefour de Montgobert à un convoi automobile allemand de munitions, se dirigeant sur Villers-Cotterêts. La surprise est complète ; huit voitures sont détruites et les occupants en grand nombre tués ou blessés. Les rescapés, par leurs récits fantastiques, sèmeront l'inquiétude autour d'eux. Déjà des ordres avaient été donnés aux troupes de la région d'arrêter à tout prix l'audacieuse division de cavalerie. Une première escarmouche se produisit entre l'arrière-garde et des uhlans qui furent facilement repoussés ; une seconde, plus sérieuse celle-là, et effectuée contre le flanc gauche de la colonne par des cyclistes, au nord-est d'Haramont, faillit compromettre la marche de la division, mais, vigoureusement contre-attaqués, les Allemands n'insistèrent pas. A la sortie de la forêt, un avion prit les escadrons en filature et de nouvelles patrouilles de cavalerie ennemie apparurent, harcelant sans cesse nos détachements de sûreté. Aussi la 5ᵉ D. C. gagna-t-elle rapidement la vallée d'Authonne qu'elle atteignit à Pondron ; elle emprunta le couloir de l'Authonne, parallèle au nouveau front ennemi, jusqu'à la sortie d'Orrouy, obliqua à la tombée du jour dans la vallée de la Sainte-

Marie et, à Glaignes, gravit le chemin fort raide qui mène à la plaine de Senlis. Cette marche rapide avait failli être éventée par un espion allemand déguisé en soldat anglais et qui suivait la colonne en bicyclette. On découvrit heureusement la supercherie et le faux « tommie » fut mis dans l'impossibilité de nuire. C'est ainsi que la division arriva sans encombre, à 22 heures, au hameau isolé de Verrines et s'y établit en bivouac. Les cavaliers épuisés s'assoupirent bientôt, le ventre vide, dans les champs désolés. Une fois encore, la fatigue avait eu raison de la faim !

« Le général de Cornulier-Lucinière, en installant son bivouac à Verrines, se proposait de rejoindre le lendemain 10 septembre la région sud de Crépy-en-Valois, où il espérait trouver encore le Corps de Cavalerie. Le manque total de nouvelles, l'ignorance absolue dans laquelle il se trouvait quant au résultat de la bataille engagée, dut lui faire amèrement regretter ce soir-là de n'avoir à sa disposition aucun mode de liaison. Un simple renseignement porté par pigeon voyageur eût évité bien des fatigues nouvelles à ses héroïques cavaliers, car ce raid fabuleux, dont nous n'avons pas achevé de retracer les palpitantes aventures, se poursuivra encore à travers les lignes ennemies jusqu'au 11 septembre ! »

(Dans une vue d'ensemble, le conférencier retraça alors les combats qui s'étaient livrés en cette journée du 9 septembre à l'extrême aile droite allemande de la bataille. A l'aide de documents français et allemands récents, il donna connaissance des ordres reçus par les troupes en présence et énuméra leurs marches et leurs engagements. Cet exposé avait pour but de situer le rôle de la 5ᵉ D. C. dans l'ensemble de la bataille de l'Ourcq, et de montrer à travers quel réseau de troupes en mouvement cette division de cavalerie s'était adroitement faufilée. C'est volontairement que nous avons supprimé du résumé de la conférence cette partie ardue et par trop technique).

Que notre délicat et courtois confrère se rassure — il a tort seulement de s'excuser — car, en pareille matière on ne saurait jamais trop dire ; la lecture de pages si pleines et si poignantes a paru à tous aussi courte qu'agréable, tant il y a de charme expressif dans les souvenirs qu'elles évoquent, de nuances minutieuses dans les faits qu'elles racontent, et de touches légères dans les portraits qu'elles esquissent.

C'est sans réserve que le brillant conférencier a été félicité, de nouveau, par tous les assistants.

— M. Macon continue la lecture de son captivant travail sur les derniers beaux jours de Chantilly avant la Révolution. Il nous présente un vivant tableau de la vie charmante de cette époque, où la chasse, le théâtre de campagne, les réceptions et les fêtes tiennent la plus grande place, sans que les lettres, les sciences et les arts y soient oubliés. Les épisodes les plus variés se déroulent sous nos yeux : les fêtes données au grand-duc héritier de Russie en 1782, les dissertations des savants

Mongez et Valmont de Bomare au sujet du prétendu chant des cygnes sauvages, les divertissements de la population du village, etc.

Les principaux protagonistes sont le prince de Condé et son amie Mme de Monaco, ses enfants le duc de Bourbon et la princesse Louise, son petit-fils le duc d'Enghien. La touchante figure de Louise de Condé tient une place prépondérante dans le récit de M. Macon, et c'est avec émotion qu'il nous parle des chastes amours de la princesse et de l'élévation de sentiments qui la fera bientôt se donner tout entière à Dieu.

— Sur la proposition de plusieurs membres, il est décidé que la prochaine séance, en raison des vacances de Pâques, aura lieu le jeudi 20 avril.

— Rien n'étant plus à l'ordre du jour, on se sépare à quatre heures.

Le Secrétaire,

A. CAVILLON.

SÉANCE DU 9 MARS 1922

PRÉSIDENCE DE M. LÉON FAUTRAT, PRÉSIDENT

— La séance est ouverte à deux heures.

— Étaient présents : Mlle Mancheron, MM. Abrand, Boutanquoi, l'abbé Cavillon, Corbie Ernest père, Corbie Ernest fils, le chanoine Delpeuch, Fautrat Léon, Fautrat Georges, Gentil-Dugied, Gosselin, le colonel Henriot, Louat, Macon, de Martignac, Sagny, Touflet et l'abbé Yamollet

— Absents excusés : M. le baron de Maricourt et M. le comte Arnauld Doria.

— Le procès-verbal de la dernière séance est lu et adopté, après une légère rectification proposée par M. Doria, qui ne s'attendait pas à être inscrit pour sa conférence avant le mois d'avril.

— M. le Secrétaire donne connaissance de la correspondance et énumère les publications reçues par la Société.

— M. Gazeau a fait déposer sur la table du Bureau, un vase en mortier, trouvé dans la propriété de M. Laboureix.

— M. Louat a eu la chance de sauver de la ruine — et des ruines — en la propriété de M. Delaporte, un chapiteau, malheureusement assez endommagé par les ouvriers, et qui paraît dater du XIVe siècle. Ce monument a été transporté en notre musée.

— Il est procédé au vote à mains levées sur l'admission de M. Jean

Vergnet, présenté par MM. Louat et Macon. M. Vergnet est admis comme membre titulaire, à l'unanimité des suffrages.

— Mlle Mancheron et M. Fautrat Léon présentent comme membre nouveau Mme la colonelle d'Épenoux, demeurant à Senlis. Il sera statué sur cette présentation au cours de la prochaine réunion.

— M. le Président adresse les félicitations de la Société à M. Prosper Péan, qui, depuis la dernière réunion, a été promu chevalier du Mérite agricole, par arrêté du Ministre de l'Agriculture en date du 9 février 1922.

— La Société historique de Compiègne, pour nous accuser réception du procès-verbal de nos séances, a décidé de nous envoyer, par réciprocité, les numéros du *Progrès de l'Oise,* contenant le compte rendu de ses réunions.

— M. le Président donne la parole à M. Macon. Dans nos précédentes séances, M. Macon nous avait retracé un tableau enchanteur de la vie des princes de Condé à Chantilly au XVIIIe siècle. Aujourd'hui, il nous montre la désolation et la ruine infligées à ces beaux lieux à la suite de l'émigration des princes ; les ravages dans les forêts, les pillages du château en 1792, les destructions exercées dans le parc, la ménagerie, etc. ; puis les épisodes de la Terreur, la profanation de l'église, le culte de la Raison, le château transformé en prison pour les suspects du département de l'Oise, puis abandonné après la chute de Robespierre ; le renouveau du Jacobinisme après le 18 Fructidor, et la vente du château et de la plus grande partie du parc en 1798 ; les Grandes Écuries et le château d'Enghien devenus des casernes ; enfin l'arrêt des démolitions en 1805, qui sauva le petit château du XVIe siècle et le soubassement du grand, œuvre de la fin du XIVe.

Après avoir retracé l'état des esprits entre 1790 et 1800, la misère et la famine sous la Terreur, M. Macon nous peint le relèvement progressif de la situation matérielle à partir de l'année 1802 ; les vieilles industries de la dentelle et de la porcelaine reprennent vigueur ; d'autres sont créées par Richard-Lenoir, et Chantilly paraît prospère à la fin de l'Empire ; la ville reçoit un brillant éclat de la présence d'une garnison d'élite, un régiment de cavalerie de la Garde Impériale, dont le colonel habite le petit château ; mais cette garnison va disparaître avec la chute de l'Empire, et le domaine forestier, donné en apanage à la reine Hortense, fera retour au prince de Condé.

Dans notre prochaine réunion, M. Macon nous montrera la vie, les épreuves et les misères des princes durant leur long exil de 1789 à 1815.

— La prochaine séance aura lieu le jeudi 20 avril courant.

— L'ordre du jour étant épuisé, la séance est levée à 16 heures 15.

Le Secrétaire,

A. CAVILLON.

SÉANCE DU 20 AVRIL 1922

PRÉSIDENCE DE M. LÉON FAUTRAT, PRÉSIDENT

— La séance est ouverte à deux heures.

— Étaient présents : Mmes la colonelle d'Epenoux, la comtesse de La Bédoyère, Mlle Mancheron, MM. Boutanquoi, l'abbé Cavillon, Corbie Ernest père, Corbie Ernest fils, le chanoine Delpeuch, le comte François Doria, le comte Arnauld Doria, Fautrat Léon, Guillot, Guillemot, Louat, Macon, le baron de Maricourt, le vicomte Jean de Maricourt et l'abbé Yamollet.

— Absents excusés : MM. de Noussanne, Gosselin, Verdeau, Touflet, Jean Vergnet.

— Après la lecture et l'adoption du procès-verbal de la séance de mars, on donne connaissance de la correspondance et on énumère les publications reçues par la Société.

— M. le Secrétaire présente au nom de Mme veuve Mahon :

1. Un magnifique *Album de gravures anglaises* choisies, éditées par Robert Jonhson de Londres.

Ce carton in-folio a d'autant plus de valeur pour notre musée qu'il contient les reproductions, — coupes et plans — de la cathédrale, des églises Saint-Frambourg et Saint-Vincent et de l'église de Chamant. A côté de ces divers schémas figurent les particularités architecturales, les motifs de sculpture les plus caractéristiques de chacun des monuments reproduits.

2. *Une carte topographique du diocèse de Senlis*, levée sur les lieux par M. Parent, curé d'Aumont, établie par Guillaume de l'Isle, de l'académie royale des sciences, et offerte en 1709 à Monseigneur Jean-François de Chamillard, évêque de Senlis.

Cette carte fort curieuse se recommande d'abord du nom de son auteur qui, dès l'âge de 27 ans, mérita une place à l'académie des sciences avec le titre de premier géographe du roi. La réputation de Guillaume de l'Isle était si répandue et si bien établie qu'il ne paraissait presque plus d'histoire qu'on ne voulût orner de ses cartes. D'ailleurs, le *Mercure* de mars 1726, qui donne la liste des cartes dressées par de l'Isle, signale comme une des plus estimées celle du diocèse de Senlis, qui fut gravée, en 1709, par Desrosiers, graveur du roi.

(C'est précisément celle qui nous est offerte aujourd'hui).

Notons, pour notre profit, dans la carte topographique de de l'Isle, les détails qui ont paru dignes d'arrêter plus longtemps notre attention d'archéologue, et propres à apporter une contribution nouvelle à l'historique relativement peu connu de l'ancien diocèse de Senlis.

Les armes de Mgr de Chamillard — avec la crosse entortillée d'une S, chiffre de la ville de Senlis — occupent la première place, au milieu et en haut ; en bas et à droite : le plan détaillé de la ville de Senlis.

La vieille enceinte, dite la Cité, était alors intacte, visible dans presque toute sa continuité. L'ovale qu'elle représente est nettement figuré.

Le diocèse de Senlis, peu étendu, étant compris, partie dans le comté de Senlis et partie dans le duché de Valois, n'était point divisé comme les autres en archidiaconés, ni subdivisé en doyennés — le doyenné de Senlis ne fut institué que vers 1762 — mais il offrait cette particularité. La paroisse de Mont-l'Evêque, avec son château seigneurial, résidence d'été des évêques, était appelée par privilège « Ville épiscopale ». Senlis et ses paroisses, les paroisses de Saint-Firmin, Courteuil, Avilly (vicariat), Saint-Léonard et Saint-Nicolas (paroisse et prieuré) à l'ouest ; Aumont, au nord-ouest ; Chamant, avec Plessis de Rasse, à l'est, sont appelées « les Filles de l'Évêché » et forment une circonscription ecclésiastique tout à fait distincte.

La ville de Senlis avait encore 6 paroisses :

1° Notre-Dame, 2° Saint-Rieul, 3° Saint-Aignan, 4° Saint-Pierre, et aux faubourgs : Saint-Étienne et Saint-Martin. La cure Saint-Hilaire, dont l'église fut démolie en 1711, avait été réunie à celle de Saint-Pierre en 1706. On y trouvait une collégiale : Saint-Frambourg ; six monastères : l'abbaye de Saint-Vincent, le prieuré de Saint-Maurice, les Capucins, les Carmes, les Cordeliers et la Présentation ; deux hôpitaux : l'Hôtel-Dieu et la Charité ; une maladrerie désignée sur la carte sous ce nom « Les Renfermés ».

A gauche de la carte et faisant face au plan de Senlis, le plan particulier de la ville de Crépy. Remarquons que la capitale du duché de Valois avait encore, elle aussi, à cette époque, son enceinte délimitée et renfermant : 1° les Ursulines, 2° Saint-Albin, 3° Saint-Denis, 4° Saint-Arnoult, et 5° la Prison.

Dans tout le diocèse nous avons compté 63 cures et 5 vicariats.

La présente carte met également en relief ce qui restait, au commencement du XVIII° siècle, des anciens chemins romains, appelés communément dans le pays « Chaussées Brunehaut », dont les unes étaient presque dans leur entier et les autres à demi ruinées.

Enfin, elle marque d'un signe particulier les monuments importants, châteaux, fermes, les « anciennes justices », les lieux dits, etc...

— M. le Président félicite et remercie comme il convient M°° veuve Mahon d'avoir enrichi d'autant notre bibliothèque.

Il nous fait part aussi des remerciements de M°° la colonelle d'Epenoux, admise comme membre titulaire dans la précédente séance.

— MM. Corbie et Abrand présentent pour faire partie de notre Comité M. Carolus Barré, 2, boulevard Emile-Augier, Paris XVI°. Il sera statué sur cette présentation au cours de la prochaine réunion.

— M. le comte Arnauld Doria reprend la lecture de son intéressant travail sur le raid de la 5° Division de Cavalerie dans le Valois en 1914 :

« Le repos des cavaliers de la 5° D. C. au bivouac de Verrines, ne fut pas inquiété par les Allemands ; avant le lever du jour, 10 septembre, la division était rassemblée. Des patrouilles sont aussitôt envoyées qui contournent le massif boisé du Mont-Cornon. Une forte reconnaissance, formant en même temps avant-garde, se dirige vers Huleux avec l'espoir d'atteindre Baron. Dans cette plaine, véritable glacis, il est impossible de masquer sa marche et les escadrons reçoivent en arrivant à hauteur de Rully de nombreux coups de feu, tirés des jardins du village. Sur la grand'route Crépy-Senlis d'importants convois ennemis apparaissent et une ligne de fantassins se découvre, interdisant toute progression. Les patrouilles envoyées sur Trumilly et Néry, se sont partout heurtées elles aussi à des détachements allemands.

« Le général de Cornulier-Lucinière, persuadé de se trouver en présence du nouveau front de la 1ʳᵉ Armée de von Klück (il n'avait en réalité devant lui que les débris de la brigade von Lepel en retraite, comme l'ont prouvé des documents allemands récents) donne alors l'ordre à son artillerie de battre les points occupés de cette ligne et, sous la protection de ses canons, regroupe sa division et décide de se porter vers Pierrefonds, pour continuer son raid sur les lignes de communication de l'adversaire. Suivant les circonstances, il poursuivra sa marche vers le nord-est, ou se dérobera à l'ouest.

« Précédés par la 5ᵉ brigade légère du colonel Robillot, les escadrons reprennent la route d'Orrouy. Chemin faisant, des cyclistes ennemis se jettent dans la pointe d'avant-garde ; ils sont bousculés et le colonel Hennoque fend la tête de l'un d'eux d'un violent coup de sabre ! La colonne gravit à Orrouy le versant nord de la vallée d'Authonne dans l'espoir de gagner, par la plaine de Champlieu, la forêt de Compiègne toute proche.

« L'ennemi qui occupe en nombre la grande voie de communication Crépy-Compiègne, où la circulation est à cette heure particulièrement intense, découvre bientôt l'audacieuse division et les crêtes boisées de l'autre versant de la vallée se garnissent rapidement d'Allemands, qui ouvrent un feu violent sur les Français. Au galop, par fractions de quatre, les régiments gravissent la route escarpée de la côte du Jeu d'Arc, tandis que les cyclistes, prêts à la riposte, tirent des salves de mousqueterie abrités par les arbres et les murs du parc. Les premiers escadrons qui parviennent sur la crête au début de l'action, mettent pied à terre, garnissent peu à peu la lisière de la plaine de Champlieu et ouvrent le feu, tandis que l'artillerie, sous une grêle de balles, arrive sur le plateau.

« Installées derrière un léger repli de terrain, les trois batteries du Groupe couvrent d'obus la route en lacets, qui de Béthancourt, conduit à Crépy-en-Valois et éteignent bien vite le feu de l'infanterie ennemie. Grâce à cette énergique intervention, les autres unités de la division, qui défilent encore dans la vallée d'Authonne, gagnent à vive allure par la plaine de Champlieu et sans être engagées, les lisières de la forêt de Compiègne, ne perdant que quelques hommes et une vingtaine de chevaux.

« Mais voici l'artillerie ennemie qui entre en action, trop tard cependant pour gêner les mouvements du gros de la division Cornulier déjà à l'abri. Bien défilés les canons allemands s'installent dans les bois dominant Béthancourt et se révèlent fort nombreux. Un duel d'artillerie s'engage, qui va durer près de deux heures. A ces batteries, d'autres, venant de la direction de Compiègne, vont bientôt se joindre ; établies dans la plaine de Gillocourt, elles battent les bordures de la forêt de Compiègne et la position du Groupe d'artillerie de la 5ᵉ D. C. qui est démasquée et prise de flanc. La lutte est inégale ; nos batteries subissent des pertes sérieuses. Un engagement d'obus les entoure, tandis que l'infanterie allemande, traversant le ravin des Eluats, aborde déjà le plateau. La retraite s'impose ; d'ailleurs, la mission des artilleurs est remplie, car cyclistes et cavaliers pied à terre ont rompu le combat et rejoint la division dans la profondeur des futaies. Non sans peine et au milieu d'un ouragan d'obus, les 75 sont soustraits à l'ennemi grâce au voisinage de la forêt. Ce combat fut pour les boches une chaude alerte et on conçoit combien l'intervention de la division Cornulier-Lucinière fut opportune à cette heure.

« Tandis que nos cavaliers et artilleurs se regroupent, les détachements d'infanterie allemande occupent les lisières de la plaine de Champlieu, puis se déployant en tirailleurs organisent une véritable chasse à l'homme. Des habitants d'Orrouy, conduits par leur maire, exploraient alors le champ de bataille, ramassant sous le couvert du drapeau de la Croix Rouge les blessés qui leur avaient été signalés. Ces courageux brancardiers volontaires ne furent pas épargnés ; reçus à coups de fusil, ils regagnèrent non sans peine la vallée d'Authonne, où la poursuite cessa enfin.

« Le général commandant la 5ᵉ D. C. fait mettre pied à terre en forêt à un régiment de chasseurs qui tente de forcer le passage, au ravin de Vaudrampont, en direction de Pierrefonds ; mais de nombreux cyclistes ennemis qu'appuient les troupes défilant sur la grand'route de Compiègne, barrent le chemin. Tous les soldats allemands sont alertés dans cette région, cela ne fait aucun doute, et le parti le plus sage est de tenter de gagner la rive droite de l'Oise par le pont de La Croix-Saint-Ouen qui, au dire de civils, n'est pas encore détruit. La division s'engage donc en pleine forêt de Compiègne et se porte vers la rivière d'Oise en deux échelons : le premier comprend tous les éléments encore valides, le deuxième échelon, moins mobile, aux ordres du lieutenant-colonel de Tavernost, et composé des cyclistes et d'un escadron, est chargé de recueillir les cavaliers isolés et démontés et d'escorter les prisonniers faits au cours du raid. La marche du gros de la division, par des sentiers bien défilés, ne fut pas éventée et vers onze heures et demie l'avant-garde se présenta au pont de La Croix-

Saint-Ouen. Par un hasard vraiment providentiel, la troupe allemande chargée de la garde venait de partir.

« L'Oise traversée, la 5ᵉ D. C. gagna Le Fayel et apprit par ses patrouilles et par les habitants que la rive droite était encore faiblement tenue par l'ennemi. Prenant comme point de direction : Beauvais, les escadrons infléchissent leur marche vers l'ouest. Près de Canly et d'Arsy, des réseaux de lignes téléphoniques sont coupés. Un motocycliste, envoyé par le commandant de la garnison de Compiègne pour donner l'ordre aux Allemands de Clermont d'arrêter à tout prix la division, est arrêté par une auto-mitrailleuse prise le 8 aux boches. A Arsy, l'arrière-garde met en fuite un convoi automobile bourré de troupes envoyées par le commandant de Compiègne à la poursuite des Français. A la nuit, nos cavaliers cantonnent dans la région Le Plessert-Fournival, vide enfin d'ennemis, et repartent au petit jour pour Beauvais qu'ils atteignent vers midi. Le lieutenant Mayerhoffer, envoyé en automobile vers le sud-est, trouve alors le Corps de Cavalerie Bridoux en marche vers Gournay. L'armée française était enfin retrouvée !

« Dès le surlendemain, 13 septembre, cette héroïque division hâtivement reconstituée devait repartir à la poursuite de l'ennemi, en direction de Mézières.

« La victoire donne des ailes !... »

Cette conférence qui ne le cède en rien, pour le fond et pour la forme à ses deux premières, recueille une fois encore les applaudissements de toute la salle.

— M. le baron de Maricourt continue, avec son charme habituel, la lecture de sa savante étude sur l'abbaye de Gomerfontaine : il montre l'austérité et la frugalité des religieuses et donne connaissance des rapports que l'abbesse avait coutume de faire, chaque année, à ses religieuses assemblées, rapports dans lesquels il était question, non seulement des événements de la vie religieuse en général et de la vie du couvent en particulier, mais même des événements politiques et de tout ce qui s'était passé d'important dans le pays, sans oublier les intempéries, surtout lorsque ces dernières venaient apporter le désastre et la ruine dans le plantureux domaine de l'abbaye.

— M. le Président donne la parole à M. Macon, qui, dans un langage tout à la fois élégant et familier, nous retrace les pénibles vicissitudes de la vie errante et tourmentée du prince de Condé et de sa famille pendant les premières années de l'émigration, depuis le départ en 1789 jusqu'à la mort du duc d'Enghien en 1804. Dix années d'une lutte sans espoir, traversée de souffrances et de misères, n'abattent pas le courage et la confiance du vieux prince, que console le dévouement de la princesse de Monaco. La douce et attachante princesse Louise cherche un abri de couvent en couvent, fuit d'Allemagne en Suisse, puis en Italie, à Vienne, à Varsovie, où elle prononce enfin ses vœux

Le duc de Bourbon s'installe en Angleterre en 1795, y recueille en 1799 sa fille naturelle Adélaïde, que lui amène l'ancienne maîtresse délaissée, l'actrice Michelot. La duchesse de Bourbon, emprisonnée d'abord à Marseille, revient à Paris, puis est déportée en Espagne ; c'est là qu'elle apprend la mort de son fils, l'infortuné duc d'Enghien, lugubre catastrophe qui atterre toute la famille, mais qui n'inspire au cerveau exalté de la mère que des divagations mystiques d'où le cœur est absent. Cette lecture, écoutée avec le plus vif intérêt, sera continuée dans la séance du 18 mai.

— L'ordre du jour étant épuisé, la séance est levée à 4 h. 1/2.

Le Secrétaire,

A. CAVILLON.

SÉANCE DU 18 MAI 1922

PRÉSIDENCE DE M. LÉON FAUTRAT, PRÉSIDENT

— La séance est ouverte à deux heures.

— Etaient présents : Mmes la baronne Ernest Sellière, la colonelle d'Epenoux, la comtesse Arnauld Doria, Mme Baudrier, Mlle Mancheron ; MM. l'abbé Cavillon, Corbie Ernest fils, le comte Arnauld Doria, Dufresne, Léon Fautrat, Fleury, Gosselin, le colonel Henriot, Louat, Macon, de Martignac, le baron Michel de Pontalba, Sagny, Toufflet, François Turquet de la Boisserie et Verdeau.

— Absents excusés : M. le baron de Maricourt et M. Jean Vergnet.

— Après la lecture et l'adoption du procès-verbal de la séance d'avril, on donne connaissance de la correspondance et on énumère les publications reçues par la Société. Parmi les envois faits au Comité, il convient de signaler une assez volumineuse publication mexicaine, venant du Directeur *del Museo Nacional de Arqueologia, Historia y Etnografia*. Mexico, Republica Mexicana, D. F. Abvril de 1922.

— M. le Président exprime sa satisfaction à la Municipalité de Senlis, qui a restauré adroitement, et aussi avantageusement que possible, le vieil hôtel de Vermandois, ce vénérable débris du passé, qui s'effritait de plus en plus et s'en allait fatalement en ruine.

— M. Carolus Barré, présenté le 20 avril dernier, par MM. Corbie et Abrand, est admis comme membre titulaire de la Société.

— M. le comte Arnauld Doria reprend et achève la lecture de sa Conférence sur le Raid de la 5e Division de Cavalerie dans le Valois.

« Le raid de la 5ᵉ D. C. a fait l'objet en Allemagne de nombreux articles et interviews. Grâce à ces documents, nous parvenons à mieux saisir aujourd'hui quelle fut, sur l'armée ennemie, la portée exacte de cette héroïque chevauchée. Aussi allons-nous montrer que les aveux allemands, bien que quelquefois voilés, prouvent d'une façon certaine l'efficacité de ce raid.

« L'ordre reçu : « faire entendre le canon sur la rive est de l'Ourcq, pour aider à déterminer chez l'ennemi un mouvement de retraite », s'était accompli. A Troësnes, le boche avait été vigoureusement secoué et les randonnées de la division au cours des jours suivants ne furent certes pas étrangères au mouvement de repli allemand que ce raid devait, dans la pensée du Haut Commandement français, faciliter et hâter, car, la mission de l'Ourcq exécutée, le général de Cornulier-Lucinière, en effet, en accomplissait aussitôt une autre de sa propre initiative, mission de grande envergure et à grand retentissement, qui consista à surprendre, attaquer et détruire tout ce qui tomberait sous sa main dans une vaste région allant du Plessis-Huleu à Bailleul-le-Soc, soit plus de 60 kilomètres de front, de Mosloy à Laversine et de Rully à Moyvillers, soit 25 kilomètres en profondeur. Et voici la preuve de l'extrême nervosité causée chez l'ennemi par la présence intempestive de ces cavaliers dans le Valois, aux jours tragiques de la Marne. Au sujet du combat de Troësnes, von Bülow et von Klück ont avoué à plusieurs reprises dans leurs écrits que les officiers d'Etat-Major de la 1ʳᵉ Armée allemande avaient dû combattre à pied pour échapper aux cavaliers français et « qu'une belle prise — von Klück en personne — avait ce jour-là échappé à ces braves ». Ce général qualifie cette équipée de « folle audace » ; belle folie, en vérité, et qui ne tarda pas à produire de nouveaux résultats : témoin cet aveu de l'Inspection d'Etapes de Soissons qui rend compte le 9 septembre « que la présence de la cavalerie française dans la forêt de Villers-Cotterêts empêchait le transport des ravitaillements en munitions et en vivres de Soissons sur La Ferté Milon et aussi sur Neuilly-Saint-Front ». Les vaillants escadrons de Cornulier-Lucinière semèrent bien l'énervement dans l'armée allemande et dans l'Etat-Major de la 1ʳᵉ Armée, car les ordres de repli hâtif donnés par von Klück le furent sous le coup d'une grande inquiétude et d'un profond ébranlement moral. Enfin la fuite d'une Excellence — si commentée depuis lors — fuite éperdue du château d'Ancienville peu d'heures après son arrivée, au moment même où Elle se mettait à table avec une quarantaine de ses officiers, tous ces faits justifient les reproches du Kronprinz qui accusa certains généraux de l'aile droite de n'avoir pas été suffisamment à cette heure maîtres de leurs nerfs.

« Et ceci explique comment, dans un moment critique où tous ses plans sombraient lamentablement, von Klück ait pris pour trois groupements de cavalerie une seule et même division : « la forte cavalerie ennemie, écrit-il en substance, qui livra à mes détachements des combats d'arrière-garde (dans la vallée d'Authonne) doit être anglaise ». Pour lui donc, les escadrons d'Orrouy ne sont pas les mêmes que ceux de Troësnes. A son avis encore, l'alerte donnée aux garnisons de Compiègne et de Clermont est l'œuvre d' « une brigade de cuirassiers français ». Mais la division Cornulier ne se composait malheureusement que de dragons et de chasseurs !

« Le chef d'Etat-Major de la 1re Armée, le général von Kühn, a fait récemment paraître dans les *Militär Wochenblatt* un long article où, au milieu de dénigrements nombreux et injustes, on relève des aveux intéressants : « Il est exact, écrit-il, que le Haut Commandement de la 1re Armée a failli tomber, dans l'après-midi du 8 septembre, à La Ferté-Milon, entre les mains de la 5e D. C. française... Les officiers de notre Etat-Major se disposèrent au combat à pied, quelques-uns partirent à cheval en éclaireurs... L'Etat-Major fut tiré de la situation difficile dans laquelle il s'était engagé... grâce aux troupes du IXe Corps ». Et, comme Klück, il reconnaît « qu'il y avait dans la forêt de Villers-Cotterêts des détachements de cavalerie ennemie qui gênaient le service de nos convois de munitions et de ravitaillement ».

« Et voici une nouvelle preuve du rôle important joué par la division Cornulier dans les lignes allemandes. Nous avons, en effet, découvert cette phrase instructive dans les écrits du lieutenant-colonel Richter-Weimar : « Le 10 septembre... on apprit que, déjà dans la matinée du 9, l'Etat-Major de la 1re Armée avait prescrit à la brigade Lepel de retraiter sur Verberie et même sur Compiègne, si la poussée de l'armée française devenait trop forte. Mais la transmission de cet ordre au général von Lepel n'avait pas réussi par suite de l'apparition d'une division de cavalerie française dans le dos de notre brigade ». Cet ordre de retraite que la 5e D. C. avait intercepté, eut pour la brigade Lepel les fâcheuses conséquences suivantes : sa dispersion immédiate et hâtive, sous la menace de l'anéantissement ou de la capture !

« Enfin, le raid de la 5e D. C. a produit sur les troupes ennemies un effet d'ordre psychologique incontestable ; von Klück n'a pas cru un instant que cette division ait pu contourner l'aile droite de son armée, mais il a admis aussitôt qu'elle s'était introduite à l'arrière de ses lignes par la brèche survenue dans le front allemand entre la Ire et la IIe Armée. Il a craint alors que l'infanterie ne suive cette cavalerie, comme en témoigne l'interrogatoire subi par le chasseur Pouchet, capturé à Troësnes.

« Ainsi, à la faveur des documents allemands et français et grâce à leur confrontation, nous parvenons aujourd'hui à mieux distinguer la trame des événements. Eclairé tour à tour à l'endroit et à l'envers, aucun point du décor ne reste dans l'ombre, en sorte qu'apparaît en pleine lumière le rôle tout à la fois magnifique et sublime que joua, à cette heure critique et décisive, une poignée d'héroïques cavaliers. »

M. le Président félicite à nouveau le conférencier et l'encourage à nous fournir, par la suite, d'autres communications. De même que la relation, aussi claire que scrupuleusement documentée, des opérations menées alors par les cavaliers de la 5ᵉ Division dénote un historien érudit, impartial et judicieux ; de même, une documentation d'une aussi excellente tenue littéraire, présentée dans un style limpide et souple, est le propre d'un fin lettré, d'un écrivain distingué. Encore sous le coup de l'impression produite en nous par l'audition de ces pages vibrantes, nous sollicitons, avec M. le Président, la collaboration suivie de notre jeune et éminent confrère.

— En quelques pages chaleureuses, écrites sous l'inspiration de la charité la plus élevée, dictées par le souffle du patriotisme, M. le Président retrace à larges traits le rôle infatigable et dévoué de la Croix-Rouge à Senlis pendant toute la durée de la guerre. Il rend hommage à tous ceux qui se sont consacrés à la noble tâche de secourir et de soigner nos blessés, et les dames infirmières reçoivent un large tribut d'éloges bien mérités. Mais, à son habitude, il s'oublie lui-même dans cette revue des dévouements senlisiens ; ceux qui l'ont vu à l'œuvre ne peuvent oublier le courage par lui déployé dans les sombres journées de l'invasion, ni ses constants efforts pour secourir nos blessés, pour soulager la population civile éprouvée ; nous regrettons d'effaroucher sa modestie en proclamant que M. Léon Fautrat a bien mérité de Senlis et de la Patrie ; sa conduite pendant cette période critique couronne dignement une longue vie d'abnégation et de charité.

— M. Macon nous intéresse vivement ensuite en nous racontant, dans un langage dont le sérieux n'exclut pas l'humour, la fin d'une glorieuse branche de la Maison de France, de cette race des Condé dont l'illustration se poursuit encore à Chantilly et dans notre région. Fin tragique avec la mort du duc d'Enghien, fin très noble par le trépas du héros de l'Emigration, fin lamentable par le mystère qui entoura le décès du duc de Bourbon en 1830. Les femmes jouent un rôle important dans ces dernières années de la vie des Condé : la princesse de Monaco, la princesse Louise, la duchesse de Bourbon, la comtesse de Rully, et enfin la baronne de Feuchères apparaissent sous des aspects fort divers dans le récit de M. Macon, qui termine aujourd'hui l'histoire de Chantilly sous les princes de Condé, et nous promet pour nos prochaines réunions le récit de la vie du dernier seigneur de Chantilly et l'exposé de l'histoire de ce beau lieu depuis 1830 jusqu'à nos jours.

— L excursion archéologique à Amiens est définitivement remise au jeudi 22 juin.

— Il n'y aura point de séance en juin ; la prochaine réunion se trouve fixée au deuxième jeudi de juillet.

— On se sépare à quatre heures et demie.

Le Secrétaire,

A. CAVILLON.

SÉANCE DU 13 JUILLET 1922

PRÉSIDENCE DE M. LÉON FAUTRAT, PRÉSIDENT

— La séance est ouverte à deux heures.

— Etaient présents : Mmes Baudrier, la colonelle d'Épenoux, Mlle Mancheron, MM. Abrand, Bertrand, l'abbé Cavillon, Corbie Ernest fils, le chanoine Delpeuch, Fautrat Georges, Gentil, Gosselin, le colonel Henriot, Louat, le marquis de Luppé, Macon, Masson, Mercier, Sagny, Tardif, François Turquet de la Boisserie et l'abbé Yamollet.

— M. le colonel de la Panouse, ami de notre cher Président, nous fait l'honneur d'assister à la séance.

— MM. Corbie, le comte de Maricourt, Touflet et Jean Vergnet, empêchés, ont fait agréer leurs excuses.

— Après l'adoption du procès-verbal, le Secrétaire dépouille la correspondance et énumère les publications reçues par la Société. Parmi les dons faits au Musée, M. le Président signale tout particulièrement un lot de superbes silex taillés, provenant de l'importante collection de préhistoire formée par feu M. Émile Rivière, fondateur et ancien président de la Société préhistorique de France. En recevant ces haches et ces silex, sortis de la station bien connue de Grisolles (Loiret), le Comité se réjouit de posséder un souvenir marquant de l'homme illustre qui a tant fait dans cette branche de la science, et qui a si souvent exploré notre région. Les plus vifs remerciements sont adressés au généreux donateur, M. Jean Vergnet, notre très aimable confrère de Paris, qui veut bien nous laisser espérer d'autres libéralités à venir.

— Le Comité estime qu'il est aussi de son devoir de reconnaître, bien haut, le zèle empressé avec lequel le Conseil municipal, malgré les lourdes charges qui lui incombent par ailleurs, a voté une honorable subvention en faveur de nos Arènes, et de lui en témoigner toute sa gratitude.

— M. le Président exprime les regrets de tous sur la mort de M. Paul Decauville, de Gouvieux ; nous n'avions pas souvent le plaisir d'avoir parmi nous notre confrère toujours très occupé ; du moins nous avait-il donné un témoignage persévérant de sympathie, puisque M. Decauville faisait partie du Comité depuis plus de trente ans.

— A raison du long intervalle des vacances, Mme Baudrier, d'Aumont, présentée par Mlle Mancheron et par le colonel Henriot, est exceptionnellement proclamée, séance tenante, membre titulaire.

La nouvelle élue, avec beaucoup de bonne grâce, remercie la Société de la faveur qui vient de lui être accordée.

— Conformément à l'ordre du jour, la parole est à M. Macon. Avec non moins d'élégance que de finesse, avec autant de savoir que de talent, aussi bien avec sa plume qu'avec son cœur, le conférencier, ou mieux l'historien retrace, aujourd'hui, l'enfance et la jeunesse du dernier seigneur de Chantilly, jusqu'à l'époque de son entrée dans la carrière militaire.

Après avoir conté, dans nos précédentes réunions, l'histoire de Chantilly et de ses princes jusqu'à la mort du dernier Condé en 1830, M. Macon commence aujourd'hui une série de lectures consacrées à la vie de M. le duc d'Aumale et aux destinées du beau domaine des Montmorency et des Condé jusqu'à la fin du XIXe siècle. Cette première lecture, qui affecte les formes familières de la causerie, nous introduit dans l'intimité de la famille d'Orléans avant et après 1830, depuis la naissance du duc d'Aumale en 1822, jusqu'à sa première campagne en 1840 : les années de l'enfance, l'éducation familiale, les tendres soins du père et de la mère, « qui furent récompensés par la vénération dont ils furent toute leur vie entourés par leurs enfants, par le culte que ceux-ci conservèrent à leur mémoire » ; puis les succès scolaires remportés par les jeunes princes au collège Henri-IV, dont le duc d'Aumale fut un des plus brillants élèves ; l'éducation libérale qui fit de lui un homme de son temps, un bon citoyen, qui sut allier les traditions du passé aux aspirations modernes, bref le Français complet et parfait qui fut jusqu'à sa mort respecté et honoré par tous les partis. — Chantilly n'est pas oublié dans ce tableau de la jeunesse du prince ; il n'y fit alors que de courtes apparitions, mais la famille royale y vint chaque année, la reine Marie-Amélie y prodigua les marques de sa bienfaisance, et le brillant duc d'Orléans y donna des fêtes à l'occasion des courses de chevaux, dont il fut le créateur en 1835 — Enfin M. Macon termine cette première lecture par le récit de la première campagne du duc d'Aumale en Afrique, où nous voyons naître et se développer cette vocation militaire qui sera la grande passion de sa vie, cet amour des humbles soldats dont le jeune officier exalte, dans une lettre à un ami d'enfance, « la noble résignation, le dévouement obscur à une cause qu'ils ne comprennent pas toujours, mais qu'ils défendent parce que leur drapeau, le symbole de leur pays, y est engagé ; ces hommes si braves, au cœur simple et modeste, sont bien l'élite de la nation ».

— Puis, M. Abrand, dans un langage fort séduisant, résume avec précision et des remarques très judicieuses, les impressions rapportées par nos excursionnistes du 22 juin dernier.

« Mesdames, Messieurs,

Un mois s'est écoulé déjà depuis le jour, malheureusement trop écourté, où nous avons été visiter les richesses d'art incomparables d'Amiens, et nous sommes encore sous le charme de tout ce que nous avons vu et de la réception si cordiale qui nous a été faite par M. Henri Michel, conservateur de la bibliothèque d'Amiens, président de la Société des Antiquaires de Picardie, qui nous attendait à l'arrivée de notre train, et par M. Pierre Dubois, ancien président et membre de la Société des Antiquaires de Picardie, s'attachant à nous, avec une amabilité sans égale, pendant toute la journée, pour nous guider au milieu de tant de belles choses et nous économiser le temps précieux dont nous disposions.

Tout d'abord, adressons à nos collègues d'Amiens, et tout particulièrement à M. Dubois, le témoignage de notre profonde gratitude pour les heures délicieuses qu'il nous a fait passer et celui de notre admiration pour la science approfondie avec laquelle il s'est attaché à l'étude des arts en général et spécialement à celle des œuvres d'art d'Amiens.

Nous avons déploré la brièveté des instants dont nous avons disposé et cela nous amène à formuler deux vœux concernant les années à venir.

En effet, à Amiens nous avons dû voir, littéralement en courant, la cathédrale et seulement quelques vieilles maisons de la ville. Le musée n'était pas réinstallé, mais l'eût-il été que nous n'aurions pas eu le temps même d'en franchir le seuil ; aussi est-il très désirable que nous retournions dans cette ville et que nous consacrions deux jours à cette excursion.

Nous souhaitons, de plus, vivement que les projets d'excursion soient fixés un an à l'avance.

Combien ces promenades pourraient être plus fructueuses et intéressantes si chacun, profitant de loisirs au cours des longs mois d'hiver, pouvait faire graviter études et lectures autour de ce qu'il est allé voir. Des détails d'histoire locale, des éléments de comparaison, connus à l'avance, permettraient de mieux comprendre et de mieux retenir, et procureraient à toute la petite caravane, dans l'échange des connaissances recueillies par chacun, un charme bien plus grand pour les yeux, et pour la mémoire des impressions plus complètes et plus durables.

Nous ne ferions d'ailleurs pas une innovation en agissant ainsi ;

beaucoup de sociétés analogues à la nôtre procèdent de cette façon et nous gagnerions, de plus, en adoptant cette ligne de conduite, d'augmenter l'intérêt de nos déplacements et de recueillir à l'avance plus d'adhésions de nos membres pour représenter dignement notre Société.

Nous ne saurions entreprendre de décrire, par le détail, tout ce que nous avons vu à Amiens. La cathédrale, à elle seule, est un monde et il faut, pour en parler agréablement, toute la science de notre aimable guide faisant intervenir simultanément ses connaissances approfondies d'iconographie religieuse, des écritures saintes, d'architecture, d'archéologie et d'histoire. Avec lui, toutes ces pierres merveilleusement sculptées, tous ces personnages innombrables des stalles parlent des siècles passés.

Nous ne pouvons que déplorer encore, au risque de nous répéter, d'avoir voulu, en trois heures à peine, voir l'édifice le plus parfait qui soit connu de l'art gothique et le plus riche par sa statuaire, « un des plus complets résumés de pensée religieuse des siècles passés. »

Faire une visite ainsi, c'est voir pour « dire qu'on a vu », ce n'est pas voir pour s'instruire, comprendre et retenir.

M. Dubois, voyant l'heure du départ se rapprocher, nous a, vers trois heures, arrachés, on peut dire, à la contemplation de la cathédrale, pour nous faire admirer quelques-unes des vieilles maisons de la ville.

C'est ainsi que nous avons pu voir, toujours en courant, la vieille maison du bailliage dont la façade gothique avec des décorations et des médaillons Renaissance, est du plus grand intérêt ; la maison du « Blanc Pignon », élevée vers 1492 par Nicolas Fauvel, maieur de la ville, avec sa sculpture bizarre du bourgeois à trois têtes, un pied nu, un pied chaussé, et restant dans sa signification, une énigme, même pour M. Dubois, pour qui cependant Amiens n'a plus de secrets ; la merveilleuse façade Renaissance de la maison du Sagittaire, le vieux beffroi...

Mais que de choses nous aurions à voir : les églises Saint-Leu, Saint-Germain, Saint-Rémy, le quartier Saint-Leu, les Hortillonnages et enfin le Musée de Picardie.

Nous pensons que vous partagez tous nos regrets, Mesdames et Messieurs, et que vous répondrez à l'invitation si charmante et simple que nous a faite M. Dubois en nous quittant : Vous reviendrez nous voir, mais consacrez-nous deux jours au moins. »

— Avant de nous séparer, quelques-uns de nos collègues, rappelant la fête littéraire du 9 juillet dernier, relative à Gérard de Nerval et son héroïne Sylvie, personnifiant la grâce de nos villageoises de l'Ile-de-France et du Valois, font connaître que, si la Société d'Histoire et d'Archéologie de Senlis n'était pas officiellement représentée à cette manifestation, du moins plusieurs de ses membres y figuraient à divers titres et ne furent pas les derniers à applaudir, entr'autres, une charmante allocution en vers, adressée à Sylvie devant l'Hôtel de Ville, et composée tout exprès par notre très réputé confrère, M. Louat.

M. le Président, au nom de toute l'assemblée, prie l'auteur de vouloir bien donner lecture de ses vers :

Salut à toi, Sylvie, âme rêveuse et tendre,
Nymphe accorte et charmeuse, orgueil de nos grands bois ;
L'âme sœur que souvent, de loin, tu dus entendre
Quand la cloche d'airain prêtait sa grosse voix,
L'âme du vieux Senlis, se joint à ton cortège ;
Elle vient te sourire, et pour te recevoir
Ce n'est pas aujourd'hui l'aïeule qui protège,
Mais la voisine émue, heureuse de te voir !

Oubliant les combats, les sièges, l'Escalade,
Ses monuments romains et son palais royal,
Les chasses de la cour, les tournois, la parade,
Le luxe des baillis, le faste épiscopal ;
Oubliant son joyau, sa belle cathédrale,
Ses hôtels faits pour les marquises à paniers,
Elle est fraîche, naïve et d'humeur pastorale,
Retrouvant sa jeunesse aux souffles printaniers ;
Senlis, qu'Halatte habille au goût de ses ramures
Et qui se pare d'or quand viennent les moissons,
Que berce la Nonette avec ses doux murmures
En attendant le cor dont elle aime les sons !

Princesse de Loisy, raconte ton histoire,
Parle moi de ces coins de verdure et de paix
Dont le pauvre Gérard nous a vanté la gloire
En narrant ses amours sous leur feuillage épais.
Tandis qu'il en est temps et que le flot profane
Respecte Montaby tel que lui l'a connu,
Montre moi ce décor avant qu'il ne se fane,
Et le chêne ancestral dont le front est chenu !

Dis-moi, si pour chercher ton amant solitaire,
Tu n'as pas rencontré les mânes de Rousseau ;
D'amour, de poésie, il est son légataire,
Ayant rêvé souvent près du même ruisseau,
Du même sable aride et des mêmes bruyères
Dans cet Ermenonville étrange et ravissant,
Où les bosquets touffus sont peuplés de mystères,
Où l'étang vert fait suite au désert jaunissant !

— LXXX —

Dis-moi, si, d'autrefois, en quelque jour de fête,
Tu n'as pas rencontré, débordant de gaieté,
Un « Gustave » fameux ayant folie en tête,
Héros que Paul de Kock en sa verve a chanté ;
Voyageur prodiguant l'entrain et la jeunesse
Admirant toute femme, en devenant épris,
Répandant ses méfaits avec grande largesse,
Hôte malicieux des villageois surpris !

J'aime tes fiers archers, respectable milice,
Soldats au grand renom par siècles amassé,
Qui dans tant de combats surent entrer en lice,
Conservant sans rougir la flèche du passé.
Dis-lui de bien garder dans sa chevalerie
Tout ce rite désuet, poétique et charmant :
Qu'au bouquet provincial, comme une confrérie,
Les vierges voilées marchent hiératiquement !

Sois ici bien venue, ô Muse alerte et vive
Que le rustre allemand n'a pas mise en émoi ;
Je veux qu'en cri joyeux ma voix jadis plaintive
Se change, et sonne haut quand tu viens jusqu'à moi !

— Les vacances d'août et de septembre étant votées, la prochaine
réunion se trouve ajournée au 12 octobre.

Le Secrétaire,

A. CAVILLON.

SÉANCE DU 12 OCTOBRE 1922

PRÉSIDENCE DE M. LÉON FAUTRAT, PRÉSIDENT

— La séance est ouverte à deux heures.

— Etaient présents : Mmes Baudrier, la comtesse Arnauld Doria, de
Lafont, Labouret, Kulp, Moquet-Odent, Mlle Mancheron ; MM. Abrand,
Barré, Boutanquoi, l'abbé Cavillon, Corbie Ernest père, Corbie Ernest
fils, le comte Arnauld Doria, Fleury, Guillot, Louat, Macon, le comte
de Maricourt, Dufresne, Fautrat, Tardif.

MM. Gosselin et Vergnet, empêchés, ont fait agréer leurs excuses.

— Après l'adoption du procès-verbal, le Secrétaire dépouille la correspondance et énumère les publications reçues par la Société. Parmi les œuvres d'auteurs offertes à la bibliothèque, il convient de signaler le don de M. Maurice Dommanget : *La Déchristinianisation à Beauvais et dans l'Oise (1790-1801)*.

Une importante publication du Président de la Société académique de l'Oise attire l'attention du Comité : *L'Art et les Artistes en Ile-de-France au XVI° siècle (Beauvais et Beauvaisis)*. Inutile de dire que l'érudition du docteur Leblond donne à cette publication un puissant intérêt.

— Mmes Gallet et Pigeard ont offert à notre musée plusieurs monuments intéressants, trouvés dans les travaux de démolition de leur immeuble, 18, rue de la République, et consistant en trois blocs de pierres sculptées, peintes et dorées. Ces pierres, d'une finesse de sculpture très grande, représentant des feuillages, des ailes, des draperies, etc., semblent provenir, indique M. Louat, d'une chapelle de style Renaissance ; et, ajoute notre confrère, cette chapelle n'est autre, probablement, que l'église du couvent de Saint-Remy, qui se trouvait tout proche.

M. le Président remercie Mmes Gallet et Pigeard.

— Le Secrétaire analyse un document de la fin du xviii° siècle déposé sur le bureau, pour être versé à nos archives.

Il s'agit du procès du nommé Charles Lafosse, marchand de chevaux, et ci-devant laboureur à la ferme des Patrons à Nampcelles, accusé d'un triple assassinat à Senlis.

Arrêt de la Cour de Parlement des 12 et 19 mars 1782, « qui condamne lesdits Charles Lafosse père et Charles-Paul Lafosse fils, déclarés dûment atteints et convaincus d'avoir, la nuit du 23 au 24 mars 1779, assassiné cruellement à coups de marteau Messire Louis Lafosse, diacre, chanoine de l'Eglise de Senlis, Marie Vieilles, sa servante, et la veuve Vieilles, mère de ladite Marie Vieilles ; de les avoir volés, et d'avoir fait plusieurs effractions en la maison du dit sieur abbé Lafosse : pour réparation de quoi les dits ont été condamnés à faire amende honorable, nue tête et en chemise, la corde au col, conduits par l'exécuteur de la Haute-Justice, tenans chacun entre leurs mains une torche ardente de cire jaune du poids de deux livres, au devant de la principale porte de l'église ; et là, dire et déclarer à haute et intelligible voix, à genoux et nue tête, que méchamment, témérairement, et comme mal avisés, ils ont commis les dits meurtres, assassinats et vols, dont ils se repentent, et en demandent pardon à Dieu, au Roi et à Justice : Ce fait, conduits en la place ordinaire à faire les exécutions en la Ville de Senlis, pour y avoir les bras, jambes, cuisses et reins rompus vifs, sur des échafauds qui, pour cet effet, y seraient dressés, et ensuite leurs corps mis chacun sur une roue, la face tournée vers le Ciel, pour y demeurer tant et si longtemps qu'il plairait à Dieu leur conserver la vie ; leurs corps morts exposés sur les dites roues proche des fourches patibulaires de ladite Ville de Senlis ; tous et chacun leurs biens ont été déclarés acquis et confisqués au Roi, ou à qui il appartiendrait, préalablement pris sur les biens de chacun d'eux la somme de deux cents livres d'amende, pour faire prier Dieu pour le repos des âmes desdits sieur abbé Lafosse, Marie Vieilles et sa mère, en la chapelle des Prisons royales de Senlis ; et avant l'exécution il a été dit que lesdits Charles Lafosse père et Charles-Paul Lafosse fils seraient appliqués à la question ordinaire et extraordinaire, pour apprendre par leurs bouches la vérité d'aucuns faits résultans du procès, et les noms de leurs complices.....

« Fait en Parlement le dix-neuf mars 1782.

    « Collationné, Gallien.   « Signé : Lecousturier. »

— Mme la Comtesse Arnauld Doria est présentée par M. Fautrat et le Comte Arnauld Doria, son mari, pour faire partie de la Société.

MM. Macon et Louat présentent comme membre nouveau M. René Benard, 47 bis, boulevard des Invalides, à Paris (VII⁰), et à Apremont, par Chantilly.

MM. Abrand et Louat servent de parrains à M. le docteur Nollet, de Bougival (S.-et-O.), et à M. Volbertal, de Fécamp, qui désirent être des nôtres.

Il sera statué sur ces trois présentations au cours de la prochaine séance.

— M. Louat communique son rapport sur la découverte de sarcophages dans Senlis.

« La dévastation allemande à Senlis a eu pour conséquence inattendue de faire retrouver, dans les ruines des maisons incendiées, des vestiges d'époques antérieures à celle de la construction de ces maisons ; la pioche des terrassiers creusant pour de nouvelles fondations est venue troubler dans leur sommeil des morts, contemporains peut-être des Mérovingiens, et briser des tombes plusieurs fois centenaires.

« Les trouvailles les plus importantes ont été faites en deux endroits assez éloignés l'un de l'autre, rue de la République et rue Rougemaille.

« Rue de la République, dans un endroit que l'on appelle déjà le faubourg Saint-Martin, M. et Mᵐᵉ Moquet-Odent ont fait édifier une importante maison à l'emplacement de leur propriété incendiée en 1914, mais y ont ajouté le terrain d'une propriété voisine ayant appartenu à Mᵐᵉ Bonnet et d'une autre ayant appartenu à Mᵐᵉ veuve Cartier. C'est sur l'emplacement de ce dernier immeuble, qui portait le n° 12, rue de la République, et qui n'avait pas de caves, que des cercueils ont été mis à jour cet été.

« Une dizaine de cercueils de pierre, sur deux rangées, la première la plus large, près du mur de la rue de la République, la deuxième plus en avant dans la propriété.

« Tous ces cercueils avaient les pieds dirigés vers l'est, la face du corps regardant, si on peut ainsi parler, dans la direction de l'est. Tous les couvercles, sauf un, avaient été enfoncés par la poussée des terres ou brisés lors d'une découverte antérieure ; car ils étaient à une faible profondeur. Ils ne contenaient que des ossements mélangés à de la terre, tous d'une couleur brun foncé.

« Dimensions d'un cercueil : Hauteur à la tête, 0^m65. Largeur à la tête (intérieure), 0^m60 ; aux pieds, 0^m25. Longueur 2 mètres (intérieur 1^m80 environ). Épaisseur des parois 0^m07. Pierre demi-dure.

« Ces cercueils ne présentaient ni cavité, ni inscription, ni ornements, et ne renfermaient ni monnaies, ni poteries.

Une découverte faite ensuite par M. Moquet et ses ouvriers va peut-être permettre d'ébaucher une hypothèse sur la provenance de ces cercueils.

« En piochant un peu plus loin, les ouvriers rencontrèrent une grande résistance, c'était un mur de fondation d'un mètre de large tout à fait différent de celui qui servait de fondation à l'immeuble démoli, ce mur partant perpendiculairement de la rue de la République y revient après avoir décrit une courbe allongée autour des cercueils, comme pour les protéger. C'était là le vestige d'une substruction de petite fortification ou d'une chapelle. Je crois que trop peu épais pour une fortification ce mur devait plutôt être celui d'une chapelle. Largeur de cette chapelle : 6 mètres ; profondeur depuis le mur de la rue : 9 mètres.

« Le plan de Senlis au xvie siècle, qui se trouve à la fin du volume de nos mémoires, année 1882-1883, porte au sud de la rue de la Bretonnerie, le long du tracé figuré de la rue de la République actuelle, avec le nom Saint-Rémy, un couvent.

« Je pense que les fondations retrouvées sont celles de la chapelle du couvent des religieuses de Saint-Rémy.

« L'église Saint-Martin, qui se trouvait sur une partie de la place actuelle du même nom, était trop éloignée pour qu'on puisse, ce me semble, se trouver en présence d'une de ses dépendances ou de son cimetière.

« Si nous ouvrons le mémoire de M le chanoine Müller sur les rues de Senlis, page 591 et suivantes, nous trouvons une assez longue étude sur le couvent de Saint-Rémy. J'en détache ces quelques lignes :

« Dans le faubourg de Senlis, en face l'emplacement qu'occupait « l'église Saint-Martin, Charlemagne, dit Duruel, fit bâtir une abbaye de « filles, qu'il nomma Saint-Rémy, pour y vivre selon la règle de saint « Benoît.

« Éprouvée par la Jacquerie et les sièges du commencement du « xve siècle, l'abbaye est rasée par ordonnance des gouverneurs, comme « étant trop près des murs, 1589 (1634, départ des religieuses qui s'étaient « réfugiées en ville, près de Saint-Maurice).

« Les religieuses de Saint-Remy possédaient le corps de sainte Oda ;

« sauf la tête qui était à Saint-Frambourg, une autre partie de ses
« reliques à Saint-Rieul et un doigt à la Victoire »

« J'espère que le corps de la Sainte avait été enlevé, qu'il ne se
trouvait pas avec ceux qui viennent d'être mis à jour et qui étaient peut-
être ceux des abbesses enterrées dans le chœur de leur église, car
M. Moquet, sans s'en douter, aurait commis un sacrilège. Les ossements
ont été dispersés et réenfouis dans son jardin.

« Des ossements épars en assez grande quantité ont été trouvés rue de
la République, également face à l'immeuble Moquet.

— Découverte du Jeudi 28 Septembre 1922. — « Rue Rougemaille,
presque à l'angle de la rue Bellon du côté des numéros pairs, devant
l'ancienne enseigne du Carrefour des Singes, des terrassiers, en faisant
une tranchée pour le passage d'une canalisation d'égout, ont mis à jour
plusieurs cercueils placés sur plusieurs rangs sous la chaussée même de
la rue Rougemaille et sous le trottoir ; à une profondeur de 0m 40 centimètres environ.

« Pour ne pas dépaver toute la rue, les ouvriers ne purent découvrir
ces cercueils de pierre que partiellement, la tête pour les uns, les pieds
pour d'autres. La pierre dont ils sont faits paraît très tendre et celui qui
fut dégagé le plus complètement fut brisé par les efforts des hommes et
les pesées des outils.

« Les couvercles paraissaient en partie enfoncés ; de la terre avait
pénétré dans les cercueils, les os étaient en désordre et ils étaient de
couleur brune ; aucun objet ou inscription ne les accompagnait.

« Il semble que ces cercueils avaient déjà été découverts au cours des
siècles, leur contenu inspecté puis abandonné en désordre.

« A défaut d'un cercueil entier qui n'aurait pas été un objet bien
remarquable pour notre musée, j'ai emporté un fragment comme
échantillon de la pierre et de l'épaisseur de ces sarcophages. Cette
épaisseur est de cinq centimètres environ.

« M. Abrand, qui se trouvait avec moi pendant le travail, a prélevé un
autre fragment d'un cercueil qui paraît être du plâtre. Dans ce cercueil
se trouvait un fragment (de vase) paraissant avoir appartenu à un vase
de grande dimension, non susceptible de tenir entier dans un cercueil.

« Dans la terre, autour de ces sarcophages, se trouvaient des débris de
terre cuite semblant être de ces fragments de canalisations ou de fours,
et une boucle de bronze.

« Comme pour les sarcophages de la rue de la République, la direction
de ceux-ci était l'est.

« Aucune église ou chapelle n'existait en cet endroit dans le vieux
Senlis, mais une voie romaine qui suivait le tracé de la rue Bellon
passait là.

« Dans la monographie des rues de Senlis, M. l'abbé Müller, s'inspirant

des travaux de MM. Graves, Peigné-Delacourt, abbé Claudel, indique le
tracé suivant des voies romaines dans cette partie de notre ville.

« Voie Senlis-Soissons :

« La voie suit la rue Bellon, atteint le carrefour Sottemont à l'endroit
où la chaussée Brunehaut venant de Saint-Etienne coupait la route de
Montlévêque.

« Voie Senlis-Meaux : se confondait primitivement avec la précédente
jusqu'au carrefour Sottemont.

« Une importante voie romaine suivait donc le tracé actuel de la rue
Bellon.

« Dans le volume de 1884, page XLII, il est signalé qu'un sarcophage a
été trouvé rue Bellon (c'était, parait-il, près de la poste actuelle), et il
est dit ensuite : « Monsieur de Maricourt remarque que cette sépulture
« n'était pas seule et de nombreuses tombes mérovingiennes ont été
« découvertes sur les côtés de la voie et sur la voie même. »

« La même année, page 17, il est donné description d'ossements
trouvés par M. Vinet, rue Bellon.

« Nous sommes donc en présence d'une découverte analogue ».

— M. Macon prend la parole et tient l'assemblée sous le charme en
retraçant les épisodes de la seconde campagne du duc d'Aumale en
Algérie en 1841 ; le jeune prince était alors lieutenant-colonel du
24ᵉ régiment d'infanterie. Le récit est animé par la citation d'extraits du
journal de campagne, et surtout de lettres échangées entre le jeune
prince et la reine sa mère ; celle-ci le tient au courant de ce qui se
passe à Paris, des préoccupations politiques du roi, de ses luttes contre
l'opinion au sujet des fortifications de la capitale, des fêtes données pour
le baptême du petit comte de Paris, suivies d'autres fêtes à Chantilly à
l'occasion des courses de chevaux ; de ces fêtes, M. Macon retrace un
tableau pittoresque et amusant, en s'appuyant sur le témoignage des
journaux de sport et de mode, en mettant aussi à contribution une
longue relation publiée par Cuvillier-Fleury dans le *Journal des Débats*
du 19 mai 1841.

Quelques jours après, le duc d'Aumale était nommé colonel du
17ᵉ léger, glorieux régiment à la tête duquel il rentra en France au mois
d'août et pour lequel le prince conserva toute sa vie une prédilection
particulière. Ces sentiments éclatent dans la lettre suivante : « Me voici
installé à Courbevoie avec mon brave régiment, que je réorganise, que
je soigne comme la prunelle de mes yeux ; je leur dois bien quelque
attention à ces braves gens si modestes, si dévoués. Quand j'étais
malade, ils m'ont soigné comme une mère soigne son enfant ; sur toute
la route, en France, ils n'ont cessé de dire du bien de moi ; enfin, quand
ils ont entendu tirer sur leur colonel, les seize cents baïonnettes qui me
suivaient se sont dressées à la fois, et Dieu sait ce qui serait arrivé si
je ne m'étais empressé de les maintenir à leur rang ». Le prince avait
été en effet salué, dans la rue du Faubourg-Saint-Antoine, par un coup

de pistolet qui, heureusement, ne l'atteignit pas. L'hiver suivant, consacré à l'étude et au devoir militaire, fut coupé de bals officiels auxquels les princes devaient prendre part ; M. Macon termine sa lecture si attrayante par un récit humoristique tiré des *Souvenirs* du prince de Joinville et consacré aux exploits chorégraphiques d'un officier de la garde nationale.

— Après le règlement de l'ordre du jour de la prochaine réunion, la séance est levée à quatre heures et demie.

Le Secrétaire,

A. CAVILLON.

SÉANCE DU 9 NOVEMBRE 1922

PRÉSIDENCE DE M. LÉON FAUTRAT, PRÉSIDENT.

— La séance est ouverte à deux heures.

— Étaient présents : Mmes Baudrier, la comtesse de Coulombiers, la comtesse Arnauld Doria, de Laporte, la baronne Ernest Seillière, Vatin, Mlle Mancheron ; MM. Abrand, Boutanquoi, l'abbé Cavillon, Corbie Ernest père, Corbie Ernest fils, le chanoine Delpeuch, le comte Arnauld Doria, Fautrat Léon, Macon, Mareuse, de Noussanne, Sagny, Tardif.

— MM. Gosselin, Louat et Vergnet, empêchés, ont fait agréer leurs excuses.

— Le procès-verbal de la dernière séance est lu et adopté, sous la réserve de quelques modifications ; notamment, le titre de la seconde lecture portée à l'ordre du jour doit être ainsi rectifié : *Histoire de la Vierge de la Cathédrale de Senlis*, dite « *La Vierge du Maréchal* ».

— Le Secrétaire dépouille la correspondance et passe en revue les publications envoyées par les Sociétés correspondantes.

— Parmi les hommages d'auteurs, signalons avec gratitude. De M. le comte Arnauld Doria : 1° *Histoire du Raid d'une Division de Cavalerie pendant la grande guerre* ; 2° Croquis de guerre et d'invasion : *Lorraine et Ile-de-France 1914*.

De M. de Noussanne : *L'aventure du Tasse à Chaâlis* (roman).

— Parmi les dons faits au Musée, à signaler : Une Carte du diocèse de Beauvais, dressée sur les Mémoires de M. le Scellier, conseiller du Roy, secrétaire de la Cour, par Guillaume De l'Isle, de l'académie royale des sciences (juin 1710).

M. le Président est heureux de renouveler tous ses remerciements au donateur, M. Jean Vergnet, qui s'est fait envers nous comme une habitude de généreuse libéralité.

— Il est procédé à l'élection de quatre membres titulaires proposés à la dernière séance. En conséquence sont proclamés élus à l'unanimité : Mme la comtesse Arnauld Doria; MM. Benard, Volbertal et M. le docteur Nollet.

— Mme la baronne Ernest Sellière est présentée par M. Ernest Seillière et par M. Macon, pour faire partie du Comité comme membre titulaire.

M. Fautrat et Mlle Mancheron présentent M. Latour, route de Creil, à Senlis, et boulevard Prince-de-Galles, villa Sainte-Elisabeth, à Nice.

M. Thirion, 20, rue Servandoni, à Paris, demande à être admis comme membre de la Société. Il est présenté par MM. Vergnet et Gillet.

Mme Abrand est présentée par Mlle Mancheron et M. Abrand.

Il sera statué sur ces quatre présentations au cours de la prochaine séance.

— Sur la demande de M. le Président, M. l'abbé Cavillon donne communication de la notice biographique qu'il a composée sur M. Amédée Margry, ancien vice-président de notre Comité. L'assemblée en loue la concision qui n'exclue point la précision, et applaudit à l'idée de l'illustrer du portrait du regretté disparu ; on exprime en outre le vœu de pouvoir lire cette biographie dans le prochain Bulletin.

— Le Président donne la parole à M. Macon pour continuer le récit de la vie du duc d'Aumale. Nous sommes en 1842, année de la mort accidentelle du duc d'Orléans, véritable catastrophe pour la France comme pour la famille royale. Au mois de novembre, le duc d'Aumale, promu au grade de maréchal-de-camp, regagne l'Algérie ; le général Bugeaud lui confie le gouvernement de la province de Titteri, avec résidence à Médéah, et le prince y passa plusieurs mois en expéditions continuelles, terminée par la prise de la Smalah d'Abd-el-Kader, le 16 mai 1843. Rentré en France à la fin de juin, le prince fut nommé lieutenant-général, prit part aux fêtes données à Eu à la reine Victoria, et, renvoyé en Algérie pour prendre le commandement de la province de Constantine, fit un long détour pour saluer à Naples la famille de sa mère et surtout connaître sa jeune cousine Caroline-Auguste, fille du prince de Salerne. Il resta près d'une année en Algérie, guerroyant et administrant avec le plus grand succès, revint passer trois semaines à Saint-Cloud, et le 17 novembre 1844, s'embarqua à Toulon pour aller à Naples épouser sa cousine, que Cuvillier-Fleury, qui était du voyage, dépeignait ainsi : « Remarquablement petite, blonde, mais une grâce charmante dans la physionomie, les yeux vifs, les traits fins et délicats, la parole facile, l'abord prévenant ; elle plait, elle cherche à plaire ; c'est une miniature exquise ». Et, le 25 novembre, jour du mariage : « Rien de plus gracieux, de plus charmant que cette petite princesse, bien petite, hélas ! mais bien fine et bien délicate. Sa physionomie était d'une expression ravissante. Je ne conçois pas que tant de grâce puisse tenir si peu de place ». Quelques citations discrètes nous dévoilent l'âme exquise de l'adorable compagne choisie par le duc d'Aumale, et dont

******

l'arrivée à Chantilly dut faire tressaillir d'aise les ombres des charmantes châtelaines d'autrefois. En 1845, le prince, après un séjour printanier à Chantilly, fut nommé au commandement du camp de la Gironde. Au mois de novembre, la princesse lui donna un fils, qui fut titré prince de Condé ; l'hiver se passa dans le calme et la douceur du foyer ; mais les nouvelles venues d'Algérie au début de mars 1846 précipitèrent le départ du jeune général, qui alla prendre le commandement de la province de Titteri.

— Pour finir, M. de Noussanne a donné lecture d'une « nouvelle » ou légende qui, sous ce titre : *La Vierge du Maréchal*, doit paraître prochainement, illustrée de bois gravés par notre distingué concitoyen, M. Charles Hallo, dans l'Almanach Catholique.

Après avoir rappelé ce qui a été copieusement exposé dans la séance du Comité du 14 novembre 1918, sur le séjour de Foch « le pieux » à Senlis, M. de Noussanne se demande, hypothétiquement, comment et par qui fut sculptée la Madone en question, que l'histoire nous rapporte avoir été offerte, par un pape du quatorzième siècle, à l'abbaye royale de la Belle-Victoire. Pour percer cette énigme, notre confrère a imaginé avec art, et conté avec humour, une idylle des plus pittoresques et des plus poétiques.

— Après le règlement de l'ordre du jour de la prochaine réunion, la séance est levée à quatre heures et demie.

Le Secrétaire,

A. CAVILLON.

SÉANCE DU 14 DÉCEMBRE 1922

PRÉSIDENCE DE M. LÉON FAUTRAT, PRÉSIDENT

— La séance est ouverte à deux heures.

— Etaient présents : Mmes Abrand, Baudrier, la colonelle d'Epenoux, Mlle Mancheron, MM. Abrand, Benard, l'abbé Cavillon, le chanoine Delpeuch, Dormeuil, Dufresne, Fautrat, Louat, Macon, Mareuse, le baron Michel de Pontalba, François Turquet de la Boisserie.

MM. Boutanquoi, Arnauld Doria, Nollet et Vergnet, empêchés, ont fait agréer leurs excuses.

— M. le Président dépouille la correspondance et passe en revue les publications reçues par la Société.

Parmi les dons faits à la bibliothèque, il convient de signaler plusieurs parchemins de grande rareté et curiosité offerts par M. Gazeau.

Mᵐᵉ veuve Mahon et Mˡˡᵉ Dupuis, sœur de notre ancien président, ont fait remettre au Comité tous les bulletins de la Société qu'elles possédaient, c'est-à-dire une cinquantaine de volumes.

M. le Président exprime à ces trois donateurs tous ses sentiments de reconnaissance.

— Avis est noté du 56ᵉ Congrès des Sociétés Savantes de Paris et des Départements, qui s'ouvrira à la Sorbonne, le mardi 3 avril 1923. On peut, dès aujourd'hui, prendre connaissance du programme de ce prochain Congrès.

— Il est procédé au vote sur l'admission : 1° de Mᵐᵉ la baronne Ernest Seillère, présentée par M. Ernest Seillère et par M. Macon ; 2° M. Latour, présenté par M. Fautrat et Mˡˡᵉ Mancheron ; 3° Mᵐᵉ Abrand, présentée par M. Abrand et Mˡˡᵉ Mancheron ; 4° M. Thirion, présenté par MM. Vergnet et Gillet.

Après un vote par acclamation, tous quatre sont admis comme membres titulaires de la Société.

— M. Fautrat expose qu'en dépouillant certains papiers laissés par M. Boitel, ancien adjoint de Senlis, puis sous-préfet à l'époque de la Restauration, il a rencontré un document du commencement du XIXᵉ siècle, qui lui a semblé fournir des renseignements intéressants sur les multiples déplacements imposés à la statue de la Vierge en marbre blanc, qui se trouve actuellement dans la chapelle du fond de l'abside, au-dessus de l'autel.

« Jacques Feye, seigneur d'Espeisses, président au Parlement de Paris, illustre magistrat, serviteur dévoué des rois Henry III et Henry IV, étant venu de Tours joindre le roi qui assiégeait Paris, y tombe malade d'une fièvre maligne. Amené à Senlis, il y meurt dans sa 46ᵉ année, le 20 septembre 1590 ; il est inhumé en la nef de Notre-Dame, où est son épitaphe en marbre noir, au pilier à gauche joignant la Croisade. Cette épitaphe a été détruite pendant la Terreur. En 1805, il ne subsiste que l'encadrement qui a été restauré du mieux possible. Au milieu on a pratiqué une niche dans laquelle est placée une vierge d'albâtre, œuvre du XIVᵉ siècle. C'est un présent fait par un pape à l'abbaye de la Victoire. Lors de la suppression de cette maison, M. de Roquelaure, évêque, plaça cette vierge au-dessus de la principale porte d'entrée de son évêché. A la suppression du dit évêché, et lors de l'établissement d'une seule cure, on plaça cette vierge dans une chapelle de l'église. Elle a été soustraite au vandalisme par les soins d'un nommé Pétol, sacristain ; et au rétablissement du culte, elle fut placée où nous venons de dire. »

Vers 1860, après l'érection d'un nouvel autel dans la chapelle absidale récemment transformée, la statue de la Vierge de la Victoire fut définitivement placée sur la tour octogonale qui lui sert de socle et qui se dresse au-dessus du retable de l'autel. Quant à l'encadrement en marbre noir du monument funèbre de 1590, il fut, parait-il, transporté à l'ancien palais épiscopal, dans l'antique chapelle, dite du Chancelier-Guérin.

— La parole est donnée à M. Benard.

Le Dr René Benard a retrouvé aux Archives Nationales l'original et deux transcriptions, datant du xive siècle, du Dénombrement de l'Evêché de Senlis en 1383, dont M. de Caix de Saint-Aymour avait publié en 1912 une copie du xviie siècle, déplorant de n'avoir pu retrouver les originaux. Le travail très copieux et très documenté de M. le Dr Benard comprend trois parties : dans la première, il nous fournit des indications précises de cote, description matérielle des actes, écriture, dimensions, etc... ; dans la seconde, il note sommairement les différences qui existent entre l'original et la copie du xviie siècle. Il n'en signale pas moins de 215. Dans la troisième enfin, s'attachant spécialement à 48 de ces points, il redresse, explique, commente et complète tous les points erronés, obscurs, sommaires ou omis dans la copie. Il est impossible de donner en détail un abrégé même succinct de ces commentaires dont le texte qui nous fut lu en séance ne comporte pas moins de dix-sept pages dactylographiées de grand format.

Mentionnons seulement des erreurs de chiffres : des terres de 1.500 arpens qui n'en ont plus que 15 dans la copie, et par contre des cens de 14 livres qui sont traduits 40 ; des rectifications de lieudits, en Hallatte ou à Longueil-sous-Thourotte, ou encore à Villemétrie ; le rétablissement d'un fief à Mortefontaine, qu'une ligne passée dans la copie avait omis, et des attributions erronées redressées. L'auteur montre que certains lieux impossibles à identifier comme Fournel ou Brez, ne sont autres que des erreurs de copie pour La Chapelle-en-Serval ou Baron.

L'étude approfondie qu'il a faite des Dictionnaires de l'ancienne Langue Française, Godefroy ou Lacurne de Sainte-Palaye, lui permettent de nous donner des étymologies satisfaisantes pour les ceps de prisonniers de Buefmont, la radière de Villemétrie, Papesemence à Longueil. Il nous donne quelques explications sur certains termes et certaines coutumes de droit féodal. Enfin, il consacre une partie importante de son travail à l'identification et à l'histoire d'un certain nombre des possesseurs de fiefs ou d'arrière-fiefs désignés dans l'acte. Mettant à profit une connaissance approfondie de nos Bulletins, puisant dans le *Gallia Christiana* et le *P. Anselme*, allant chercher sa documentation jusque dans *Froissart* ou le *Journal du Trésor de Philippe VI*, relevant dans les Actes de foi et hommage de l'époque des documents inédits, et chaque fois avec des références exactes et minutieusement complètes, il nous donne des détails précis et circonstanciés sur deux lieudits de la forêt d'Hallatte, sur l'évêque Iohannes Deodatus qui occupait le siège de Senlis en 1383 ; il montre, par des arguments aussi serrés que précis, que les fiefs d'Ermenonville et du Jarriel ne pouvaient à cette date être possédés par Marguerite de Lorris, comme le pensait M. de Caix, mais qu'ils étaient entre les mains de sa mère Ysabeau de Montmorency ou même peut-être de sa grand-mère Perronelle des Essarts, si cette dernière qui vivait encore en juin 1381 n'était pas morte avant la fin de 1383. Il nous retrace minutieusement la vie du maréchal d'Oudeneben qui fut un personnage considérable de la cour de Philippe VI, de Jean II et de Charles V, et qui est bien oublié aujourd'hui. Il nous fournit également des détails précis sur les ancêtres, la famille, les armoiries et la vie de Ferry Cassinel, qui fut évêque de Lodève, d'Auxerre et archevêque de Reims, et mourut empoisonné à Nimes ; il étudie en outre la vie de son frère Guillaume et de son neveu Raoul, qui tous trois possédèrent dans notre région la terre de Ver.

Une erreur sur le nom de Billebaut de Trie, l'amène à compléter sus cette famille de Trie, qui eut une place si importante dans notre région, ce qui en fut dit ailleurs dans nos bulletins à propos des comtes de Dammartin.

Enfin, une autre erreur l'amène à nous montrer que les Saint-Simon n'ont jamais possédé de fiefs relevant de l'Evêché de Senlis à cette date, et il passe en revue les familles de Noroy ou Noury qui eussent pu posséder arrière-fief à Longueil-sous-Thourotte.

Au nom de l'assistance choisie qui n'a pas ménagé ses applaudissements, M. le Président remercie chaleureusement notre nouveau confrère qui s'annonce comme le digne continuateur et l'émule du regretté M. de Caix.

Son étude, d'allures modestes, peut-être, mais en réalité fort ardue, fruit de patientes investigations, témoigne d'une curiosité archéologique remarquable, d'un grand scrupule de paléographe consciencieux, d'une connaissance approfondie de tous les plus vieux ouvrages qui ont traité de ces matières, en même temps que d'une expérience éprouvée dans l'exploration des fonds d'archives.

Le Comité souhaite que, par une collaboration aussi suivie que possible, M. Benard contribue à accroître l'intérêt de nos séances et à enrichir notre bulletin annuel.

— Conformément à l'ordre du jour, M. l'abbé Cavillon lit en communication sa notice biographique sur feu M. de Caix de Saint-Aymour, ancien vice-président de la Société d'Histoire et d'Archéologie. Il rappelle l'inoubliable figure de l'éminent collègue que nous avons perdu. Il retrace les différentes phases de son existence toute d'honneur, de droiture et de générosité. M. de Caix était de ces natures chevaleresques qui servent leur pays dans les lettres, dans les services publics, administratifs ou autres, avec autant de distinction que de désintéressement, ne demandant qu'à leur conscience le fruit de leur travail. Homme d'étude et homme d'action ; fidèle à cette devise : « *Labor omnia vincit improbus* », il traça vaillamment son sillon dans la vie ; intellectuel avant tout, M. de Caix produisit environ la valeur de quatre-vingts volumes. Ce que nous admirons particulièrement en lui, c'est d'abord l'historien, l'archéologue, l'ami des arts en général, chez qui se déploient, sans l'ombre de recherche ni de prétention, toutes les maîtresses qualités du critique : une parfaite indépendance de jugement, un sens très droit, un goût délicat avec une exquise courtoisie ; c'est enfin et surtout, l'érudit, dont la vaste science a jeté une grande lumière sur tous les sujets auxquels il s'est attaché.

Après avoir rendu un hommage si mérité aux vertus, aux talents du sympathique confrère, de l'ami sincère qui nous a donné une bonne part des trésors de son esprit, des affections de son cœur, et qui fut, jusqu'au bout, l'âme de nos séances, l'ornement de notre bureau, et l'un des piliers de notre Société ; il nous reste à payer un légitime tribut de regrets et de reconnaissance à l'ouvrier de la première heure, à celui qui coopéra, si jeune encore, à la fondation de notre Compagnie, en 1862 ; en même temps, nous honorerons en lui le dernier survivant de cette phalange d'hommes d'élite, tels que les Peigné-Delacourt, les Voillemier, les Magne, les Laffineur, les Chartier, les Vatin, les Dupuis, artisans principaux de l'ancien Comité, où ils ont laissé des souvenirs toujours vivants, et dont les noms, à jamais respectés, sont restés dans la mémoire des habitants de notre cité reconnaissante.

Nous n'aurons garde, à notre tour, d'oublier le très regretté et très estimable vice-président, dont la perte nous est aujourd'hui doublement sensible ! Ses collègues et ses amis du Comité Archéologique aimeront à rappeler, souvent, la part qu'il a prise à l'œuvre commune par son concours généreux, par sa savante et abondante collaboration.

— Enfin, M. Macon continue de charmer son auditoire par la lecture de son manuscrit sur la vie du duc d'Aumale.

Dans des pages savoureuses où la précision des détails le dispute à l'élégance de l'ensemble, il nous montre le duc d'Aumale dans son nouveau rôle de gouverneur général de l'Algérie. A la fois pacificateur et soldat, le jeune prince organise les bureaux arabes à Constantine, à Biskra, etc., et s'applique à établir, pour toute l'Algérie, les principes et les règles d'une administration appropriée au caractère et au tempérament de chaque tribu, en rapport avec les mœurs de ces peuplades récemment conquises. — Abd-el-Kader, qui avait pu s'échapper à la prise de sa Smala, le 16 mai 1843, venait de tomber entre les mains du général de Lamoricière. La lutte avait duré plus de quinze ans. Par sa loyauté, sa fermeté tempérée de générosité, par sa grandeur d'âme, notre gouverneur de 28 ans sut en imposer au terrible chef arabe et obtint sa soumission pleine et entière. Détenu successivement au fort de la Malgue, au château de Pau et à celui d'Amboise, puis rendu à la liberté, en 1852, l'émir se retira d'abord en Syrie, où il protégea les Maronites chrétiens même au péril de sa vie, et enfin à La Mecque, où il vécut d'une pension de 100.000 francs que lui servait le gouvernement français. L'éloignement de ce chef habile ayant produit la pacification complète du littoral, le gouvernement songea à créer des colonies agricoles. Après avoir parlé du concours, aussi discret qu'efficace, apporté par la duchesse d'Aumale, le conférencier, faute de jour, ne peut poursuivre sa lecture; en effet, l'heure avancée l'oblige de renvoyer à la prochaine séance la suite de son attachant récit.

— On fixe l'ordre du jour de janvier et on se sépare à quatre heures.

Le Secrétaire,

A. CAVILLON.

MÉMOIRES

Le Secours aux Blessés Militaires

dans l'Ile-de-France et le Valois

Après la guerre de 1870, le vol de nos deux provinces, l'Alsace et la Lorraine, avait laissé dans l'âme française la pensée que les blessures de la France demanderaient un grand sacrifice et qu'il fallait s'y préparer.

Sur tous les points du territoire, l'oriflamme de la Croix-Rouge déploya ses couleurs, et sur tous les points se formèrent des asiles de secours.

Jusqu'à ce jour, le service médical n'était nullement approprié aux blessés en campagne. En Italie, à Solférino, il parut urgent de changer cet état de choses : un mouvement de pitié naturelle comprit qu'il fallait remédier à l'insuffisance sanitaire. En 1863, des représentants de l'Autriche, d'Angleterre et d'Allemagne à Paris, signèrent une convention pour les secours à donner aux blessés en campagne. En France, la Société adhéra au mouvement de charité : un décret du 26 juin 1866 fixe la reconnaissance de la Société.

Partout on s'occupe de la Croix-Rouge. Les asiles montrent que de tous côtés, à l'arrière du rempart qu'allait élever l'Allemagne en regard des marches françaises, le souvenir demeurait fidèle, le souci de l'armée était grand. Les forces vives du pays ne cessèrent d'y veiller.

Dans l'Ile-de-France et le Valois, sur cette vieille terre qui abrita François de Guise, le vainqueur de Metz, et le Grand Condé, l'illustration des armées, dans cette vieille cité qu'illuminent toujours les rayons de Jeanne d'Arc, dans ce milieu qui fut la demeure du maréchal de Luxembourg, le tapissier de Notre-Dame, l'envolée secourable sut mettre à jour ses desseins. La Croix-Rouge fut créée dans ce cadre historique, servie par Mme Paul Guibourg, la petite-fille du comte Roederer. Elle prit son essor et sa naissance à la maison de la rue Bellon ; elle fut transportée à l'Ancien Evêché, quand Mme Martin-Decaen vint succéder à la première présidente.

Pendant de longues années, la Croix-Rouge mit tous ses soins à préparer le mobilier, à réunir les capitaux nécessaires, à former les infirmiers et à fournir les cadres de l'armée de secours.

Aux premières vibrations, prélude de la tension, la Croix-Rouge jeta les yeux sur la maison de Saint-Louis, annexe de Saint-Vincent, pour y installer des lits. La maison de Saint-Louis avait eu l'honneur de recevoir autrefois les fils des chevaliers de Saint-Louis ; Canrobert, de la Panouse, de Lamirault, Dutertre furent ses hôtes à l'époque où la vie avait conservé son ancienne simplicité.

Canrobert venait du Lot à Saint-Louis par diligence, sur les registres de laquelle on donnait le nom du voyageur, y ajoutant cette annotation : « Recommandé à la grâce de Dieu ».

Les glorieux blessés qui sont venus chaque jour à Saint-Louis, dans des automobiles conduites par des dames charitables, n'avaient d'autres recommandations que leur héroïsme. S'ils ne sont pas parvenus à l'élévation suprême, ils ont sur le corps de glorieuses cicatrices, stigmates ou plaies qu'ils ont reçus pour sauver la Patrie. Que nos cœurs ne cessent de les glorifier !

La maison de Saint-Louis vivait du lustre de ses hôtes glorieux. Elle a ajouté à sa gloire passée un beau renom de charité. Comme saint Louis dont elle porte le nom, elle a soigné les maux de la guerre. Elle vivra dans son histoire par sa nouvelle page d'or, témoignage d'un dévouement si profond aux blessés de la grande Guerre.

Les officiers du service de la Croix-Rouge figurent au Livre de la mobilisation ; ce sont : le colonel Henriot, Léon Fautrat, Sainte-Beuve, Dupuis, Vié, capitaine Monier, Gazeau, le baron de Maricourt, Sommaire, le docteur Ader, M. Bocher,

Mmes Adrien Gensse, Ader, Morand, Charpeaux, Mlles Mancheron, Laborde, Lafritte et Roger, sœur Joseph et sœur Edmond de Saint-Joseph, les religieuses de Saint-Vincent, le Père Conen, le Père Bresson, furent les premiers infirmiers-infirmières qui donnèrent tous leurs soins aux blessés. En peu de jours, Saint-Louis eut ses lits installés et prêts à recevoir les souffrants.

Le 2 septembre, l'hôpital était rempli par des grands blessés : des Marocains et deux Allemands. Le même jour, vint un ordre de la Croix-Rouge de fermer l'hôpital. Les deux autres maisons militaires de secours avaient été évacuées et le personnel médical s'était replié. L'ordre de licenciement envoyé de la Croix-Rouge ne fut pas exécuté : « Au chevet des blessés, nous y restons », fut-il répondu. Une dépêche du Comité central approuva pleinement la décision et nous félicita. Le 2 septembre, l'ordre militaire de faire évacuer les malades était apporté. Pour l'évacuation on donnait une heure. Voitures agricoles et chariots furent réquisitionnés. Le combat d'artillerie sur Senlis, entre 30 pièces françaises de 75 et 25 pièces allemandes installées sur le versant est de Montépilloy, battait son plein. Le délai d'évacuation fut réduit à une demi-heure. Les pauvres malades étaient hissés dans le wagon avec leurs brancards. Un officier d'ordonnance vint dire à la gare à l'inspecteur général que dans cinq minutes le feu allait cesser, que les hordes allaient venir. Un coup de sifflet ébranle le train ; il part avec nos blessés.

Nous rentrons à l'hôpital et chez nous. Il n'y avait plus à l'hôpital que deux Boches intransportables. Nous passons devant l'Hôtel-de-Ville ; il est fermé... Le bombardement commençait ; il dura une heure et demie. La bataille des rues suivit, et dans la soirée les lits furent remplis. Un combat eut lieu devant l'hospice, durant lequel la sœur supérieure et M. l'aumônier, l'abbé Cavillon, montrèrent tant d'héroïsme. Dans la lutte engagée entre les soldats français allant rejoindre les masses de la Marne, et les Boches ivres de sang, pendant que se déroule le martyre de notre premier magistrat, si parfait, l'épopée de deux des nôtres est à rappeler. M. Dupuis, le comptable de la Croix-Rouge, se rendait porter un pli à la mairie. Il est pris par les Boches et placé en tête de leurs troupes avec une petite fille. Il essuie le feu des nôtres. La petite fille reçoit une balle dans la jambe. Dupuis est à la bataille de l'hôpital. Il marche toujours devant lui, protégé par une ligne de peupliers ; arrivé à la forêt, il se jette dans les bois ; il dut son salut à son sang-froid.

Emile Guemader, de Reims, tombe vers 3 heures 1/2 très blessé dans la forêt de Chantilly. Les camarades l'entourent pendant un quart d'heure, puis le groupe se retire, et le pauvre blessé se traîne comme il peut à une distance de 600 mètres. Pendant la nuit on se battait ; il ne bouge pas. Le lendemain, le garde-moulin de M. Lécuyer le retrouve dans les bois voisins de la Victoire. Le garde était en voiture. Il fait prévenir la Croix-Rouge. Le père Conen vint avec M. Sainte-Beuve relever le pauvre blessé. Après avoir reçu les meilleurs soins de la Croix-Rouge, il est évacué sur Paris. Il reste à l'hôpital Saint-Martin jusqu'au 31 octobre, et de là il est dirigé sur le Val-de-Grâce. Il est ensuite envoyé à Villejuif, où il reçut la Croix de guerre le 9 août 1916. Nous le croyions perdu à Senlis ; son moral eut raison de ses souffrances.

L'hôpital fut de nouveau évacué en même temps que les malades de Montépilloy.

Les services demandaient un agrandissement ; un aménagement fut fait pour 30 nouveaux lits. En 1914, ces 30 lits nouveaux trouvaient leur emploi.

En 1915, la sœur major reçut la croix de guerre, juste récompense d'un dévouement et d'un mérite au-dessus de tout éloge. La Présidente des Dames, Mme Martin-Decaen, reçut aussi la même distinction. Le nombre des infirmières s'était accru ; il était porté à 30. Le médecin traitant, le docteur Ader, ouvrit un cours pour donner le diplôme de guerre. Les infirmières munies déjà d'un certificat reçurent le diplôme.

Les servantes de l'armée formèrent un groupe qui pendant quatre années a montré un dévouement admirable. Leur vie était la suivante : à 8 heures du matin, dans les salles jusqu'à midi ; à 2 heures, retour au travail jusqu'à 6 heures ; à ce moment, les cloches de l'Institution appelaient au salut, et toutes les dames venaient avec leurs blessés demander à Dieu la guérison, la protection et le salut des armées. Cette vie d'abnégation, retirée du monde, est un bel exemple de sacrifice pour la Patrie, donné avec une simplicité et une grande sérénité d'âme. Il a apporté aux défenseurs du pays un secours admirable, très digne d'être rappelé.

A la conférence de Gênes, où il y eut tant de commissions, une d'elles aurait pu redire ce que les femmes françaises ont fait pendant la grande guerre. Elles ont été les anges visibles de la Providence, et leur éternel honneur sera d'avoir montré au monde ce que fait la femme de France pour la liberté et les droits de la Patrie dans son envolée généreuse.

La Croix-Rouge ainsi organisée commence à fonctionner. Le Président s'assure le service de la sœur Saint-Joseph et de la sœur Edmond et des sœurs de Saint-Vincent. Reconnaissant le dévouement rendu par le docteur Ader, il le fait nommer médecin en chef de l'Hôpital, et le docteur Rousset adjoint au service. M. l'abbé Conen met à la disposition de la Croix-Rouge tous les moyens existant au Collège pour l'alimentation. Le Comité décide que chaque journée de malade sera payée à l'Institution de Saint-Vincent une somme de 3 francs par jour, pour dédommager le supérieur de tous les moyens mis à la disposition de la Croix-Rouge avec un dévouement inlassable.

Le 21 juillet 1915, M. Sainte-Beuve ne peut plus, en raison de ses occupations nombreuses, toutes de dévouement, continuer ses efforts à la Croix-Rouge. M. Sagny veut bien le remplacer comme administrateur. Les médecins de la Croix-Rouge constatent qu'il est absolument nécessaire, en raison du nombre des grands blessés, de demander un chirurgien pour les opérations. L'autorité militaire, convaincue de cette nécessité, installe un chirurgien, qui prend la salle affectée au vestiaire comme salle d'opérations. Pour les nouveaux frais de cet aménagement, Mme Liautey organise une vente de charité qui produit 14.217 francs.

Le Comité central demande à la Croix-Rouge de Senlis de contribuer aux frais d'installation des Réfugiés. Les pauvres gens arrivent de tous les côtés, se réfugient à Senlis, et la population se montre admirable pour les secourir.

A ce moment, Mme Martin-Decaen est terrassée par le mal.

Elle meurt victime de son dévouement, emportant tous les regrets des infirmières qu'elle a formées. La comtesse de Coulombiers est nommée pour la remplacer. Le Comité des Dames est reconstitué. Il se compose de Mme la comtesse de Coulombiers, présidente, Mme Liautey, présidente d'honneur; Mme de Waru, comtesse de la Boisserie, comtesse de Clinchamp, Mmes Picot, Rose, de Lafond, de Noussanne, de Bellegarde, Sagny, Mlles d'Andrée et Mancheron.

Mme la Présidente, toute à son œuvre de Française, met tout ses soins pour préparer une vente, qui produit la somme de 20.000 francs. Les résultats sont dus à la générosité des familles de l'Ile-de-France et du Valois, et à l'intelligence et au dévouement de Mme la Présidente et de toutes nos admirables infirmières.

Le 22 février 1918, des distinctions honorifiques sont données par le médecin-chef de la place, M. Haslé, et M. le chirurgien Vieillard, qui viennent présider cette cérémonie.

Le 22 avril 1918, il est rendu compte de l'installation de la formation sanitaire venue de Compiègne avec sa Présidente ; les infirmières et le docteur Armand s'installent à la Croix-Rouge de Senlis.

En juin 1918, le Directeur du service de Santé déclare que les hôpitaux ne peuvent plus remplir leurs obligations. Le Conseil central, auquel il en est référé, estime qu'il faut faire tout pour donner satisfaction au service de Santé, en ajoutant 280 lits aux 210 lits déjà existants. Il déclare que si le Comité de Senlis est en état d'assurer le service, le Comité central de la Croix-Rouge assume la dépense. Le collège de Saint-Vincent s'offre aussitôt avec le dévouement si profond que porte à la Croix-Rouge M. le Supérieur. M. le Directeur se prête à la combinaison, à la condition que la Croix-Rouge conserve toute l'autorité. La proposition est adoptée. Un service d'ophtalmologie est adjoint avec M. le docteur Faux, un service de laryngologie est organisé avec M. le docteur Gault, et une installation de radiologie est établie.

Une lettre du médecin-inspecteur Allain rend hommage à Mme la Présidente et à toutes les infirmières qui ont soigné avec leur intelligence et leur cœur 5.000 Anglais et Écossais qui sont venus se faire traiter à Saint-Vincent. Il reçoit le témoignage flatteur qui lui a été rendu par le général anglais en reconnaissance des soins prodigués avec tant de bonté ; nos infirmières sont citées à l'ordre de l'armée britannique, et la Croix-Rouge de Senlis est proposée pour une décoration anglaise.

Le 19 mars 1919, une lettre du Sous-Secrétaire d'État annonce la fermeture de l'Hôpital. M. de Valence accompagne cette lettre de la reconnaissance de la Croix-Rouge pour les administrateurs, les infirmières, et tout le personnel, pour M. le Supérieur, qui a mis si obligeamment sa maison au service des blessés. Le 25 mars, une dépêche nous apprend qu'une médaille de vermeil est donnée à M. de Valence, qui, pendant toute la guerre, a été un preux inlassable. Il est procédé à l'inventaire de la lingerie. Suivant le commandement de la Croix-Rouge, 50 lits complets sont mis en réserve. Aux populations éprouvées dans l'Oise, à douze prêtres sans abri, il est envoyé 12 lits complets, 131 couvertures de laine et de gros ballots de linge. M. le vice-amiral Touchard a la bonté de témoigner son admiration pour l'effort accompli et envoie les remerciements de ces populations, qui sont, dit-il, « des témoignages précieux à conserver en nos archives ».

L'effort était fini, mais quel exemple réconfortant n'a-t-il pas donné ? L'Ile-de-France et le Valois se sont montrés dignes de l'Armée. Des remerciements sont adressés à toutes les infirmières, à tout le personnel, aux administrateurs, aux Américains, qui par leur générosité ont facilité le fonctionnement intense de l'Hôpital, aux Anglais qui, par l'intermédiaire de la vicomtesse de La Panouse, nous ont tant aidés en argent et en nature.

Nous n'avons pas été les seuls dans l'Ile-de-France à faire ce beau travail pour la France. A Chantilly, à l'Hospice Condé, Son Altesse Royale Mme la duchesse de Chartres venait tous les deux jours visiter les blessés, plus de 6.000 au cours de la guerre ; elle a envoyé plus de 45.000 colis de gâteries aux héros retournés au front. A Chambly, Mme la princesse Murat et sa fille, la baronne Lejeune, ont eu à leurs frais un hôpital de 49 lits, qui un moment a reçu 200 grands blessés. A l'Hôpital général de Senlis, Mme la Supérieure, M. l'Aumônier, ont eu leurs journées d'héroïsme. A Saint-Joseph de Cluny, toute la guerre, un hôpital a fonctionné, avec les sœurs de Saint-Joseph qui sont toujours les grandes servantes de la France. A Crépy, un hôpital de la Croix-Rouge a fonctionné pendant toute la guerre avec des jeunes filles du Valois.

A Senlis, nous avons célébré les gestes de nos infirmières, nous les avons saluées avec une vive émotion. Rendons hommage aux victimes. Le docteur Ader est mort, épuisé par la fatigue, et sa charmante fille est tombée victime de son dévouement. Mme Martin-Decaen, présidente des Dames, les avait précédés dans la tombe, emportant nos souvenirs reconnaissants. Mlle Suzanne Buat, délicieuse avec ses vingt ans, est allée la rejoindre.

Nobles victimes, vous êtes près de Dieu les témoins de notre dévouement à la France. Les honneurs ne sont pas venus vous trouver ; mais vous faites partie de cette phalange chrétienne qui s'est donnée pour la Patrie. Dans le livre d'or de Senlis, l'histoire redira votre envolée.

Le service médical a toujours été admirable, et parmi les Docteurs qui ont rendu au front tant de malades et de blessés, nous ne pouvons oublier le major colonial Revault et le docteur Vieillard ; ces excellents docteurs, hommes parfaits, d'un dévouement incomparable, étaient jour et nuit les apôtres de la Charité. M. Vieillard a laissé chez tous un souvenir que nous n'oublierons jamais ; nous l'avons proposé pour la Légion d'honneur ; il a fait trop de bien pour n'être pas récompensé. Mme de Waru, qui avait donné tant de soins à notre préparation sanitaire, est aussi tombée à la peine.

Il a été parlé de la générosité de toutes nos Françaises, il reste à montrer la gratitude de nos chers blessés. Des milliers de lettres sont venues du front apporter les sentiments de reconnaissance de nos vaillants soldats. Elles ont redit, Mesdames, que vous étiez les âmes du secours mutuel, et que le bûcher de Jeanne d'Arc vous avait envoyé l'étincelle qui a fait jaillir la flamme de votre Charité si française.

Les deux lignes qui terminent cet exposé sont plus éloquentes que tous les récits :

La Croix-Rouge de Senlis a reçu pendant la guerre 409.224 francs. La générosité locale a donné dans cette somme 265.701 francs.

Les journées d'hospitalisation à la Croix-Rouge ont été de 933.110.

Quel beau titre à la reconnaissance, encadré dans cette noble devise : « L'amour de la France et de ses glorieux défenseurs ».

LÉON FAUTRAT.

ÉTUDE HISTORIQUE

SUR LES

Procureurs et Avoués de Senlis

Après m'être occupé des notaires mes collègues ou prédécesseurs, j'ai voulu faire quelques recherches parallèles
concernant leurs « correspondants » les avoués. Ils ont vécu
côte à côte, ont été mêlés aux mêmes affaires, ont soutenu les
mêmes clients et parfois rompu des lances les uns contre les
autres ; pour toutes ces raisons leurs destinées doivent être
rapprochées. Par le même procédé que pour les notaires, j'ai
demandé aux respectables registres de délibérations de me
renseigner sur la vie de ceux qui les ont tenus et j'ai dû me
contenter de leur réponse, à défaut d'autres témoignages.

Il existe seulement deux registres de délibérations dans les
archives de la Compagnie des Avoués près le Tribunal civil de
première instance de Senlis : le premier commencé le 9 nivôse
an IX se termine en 1846 ; le second, encore en usage, a été
commencé en janvier 1847.

L'intérêt tout particulier qu'offre le premier de ces registres
est que les avoués de l'an IX ont utilisé, en commençant leur
rédaction, un vénérable registre de l'ancien régime sur lequel
étaient copiées des décisions de Justice concernant les anciens
procureurs ; et c'est probablement parce que celui-ci possédait

encore de nombreuses pages blanches qu'il est parvenu jusqu'à nous (1).

Mais j'avoue à ma grande honte que l'écriture en est à peu près illisible pour moi et, nouveau Tantale, j'implore l'aide de nos érudits collègues pour étancher ma soif de renseignements.

Je vais aujourd'hui (en attendant cette précieuse collaboration) déblayer le terrain en donnant quelques aperçus sur ce qu'étaient les Avoués de l'ancien régime, qui avaient alors nom « procureurs », puis je dirai ce qu'ont fait depuis l'an IX nos avoués senlisiens.

« Un procureur, dit Denisart, procureur au Châtelet, dans sa collection de décisions nouvelles de jurisprudence de 1773 (2), est un officier créé pour représenter en Justice ceux qui le chargent de leurs affaires et pour faire la procédure convenable afin de mettre les Juges en état de décider ».

Descendants des « procuratores » romains, les procureurs paraissent avoir existé depuis fort longtemps en France ; dès que le Parlement fut institué il y eut des procureurs. Dès 1290 une ordonnance parle des procureurs ; en 1342 les procureurs au Parlement de Paris formeront une Confrérie. Plusieurs ordonnances des rois de France déterminèrent à quelles conditions on pourrait remplir les fonctions de procureur aux XIVᵉ, XVᵉ et XVIᵉ siècles.

Les procureurs avaient rang dans les cérémonies publiques à la suite des avocats ; ils portaient comme ceux-ci le titre de « Maîtres » ; leur costume de Palais était la robe noire à grandes manches et le rabat.

Le dictionnaire des Institutions de la France de Chéruel nous dit, au mot « Procureur », que leurs fonctions étaient considérées dans la plupart des coutumes comme dérogeantes

---

(1) Ce côté ancien du registre ne possède aucun titre et ne présente aucune annotation sur son but ou sa raison d'être. — Ces registres auraient été détruits en septembre 1914 s'ils avaient été déposés à la Chambre des Avoués. Confiés au secrétaire de la Chambre, alors Mᵉ Baudet, ils ont été conservés dans son étude.

(2) Huitième édition revue et considérablement augmentée, à Paris ; chez la veuve Desaint, rue du Foin-Saint-Jacques.

et l'opinion publique accusait ces officiers ministériels d'avidité. Si les mauvais plaisants, par un horrible jeu de mots, ont pu traiter les notaires de *Champignons* parce qu'ils « poussent aux frais », ils ont dû voir jadis en la personne des procureurs de véritables *plantes aquatiques*.

Les procureurs se défendaient, bien entendu, et dans ce recueil de jurisprudence cité plus haut, M* Denisart, qui est lui-même procureur, affirme avec citations à l'appui que les procureurs ne dérogent point et conservent la noblesse au milieu de l'exercice de leurs fonctions lorsqu'elle leur est acquise par le droit de leur naissance ; au contraire il fait de très grandes réserves sur ce point en ce qui concerne les notaires. Cependant, chose curieuse, dans les cérémonies, surtout dans celles où le tribunal n'assistait pas en corps et où se trouvaient seuls des officiers ministériels, les notaires ont toujours revendiqué la préséance et de nombreuses décisions de Justice ont été rendues sur ce point.

Enfin le même Denisart nous dit qu'un procureur peut être promu aux ordres sacrés sans se défaire de son office et ses fonctions sont même compatibles avec les fonctions curiales.

Il est évident qu'il y eut de nombreux cas de cumul des fonctions de procureur avec d'autres fonctions publiques ; dans l'étude que j'ai consacrée au vieux notariat senlisien, j'ai cité le cas de M⁰ Cochet, notaire et procureur à Neuilly-Saint-Front ; l'un des documents que j'ai pu déchiffrer parmi ceux qui sont copiés au mystérieux registre nous donne la liste des procureurs à Senlis en 1620 (et leurs prédécesseurs peut-être, car j'ai peine à croire qu'ils aient été aussi nombreux) ; il y a 41 noms ; on croit lire un tableau des notaires : Bataille, Germain, Guérin, de Saint-Leu, Noyal, Lobry, Jaulnay, Vigneron, Methelet. Sans doute il y eut des cumuls. (1)

---

(1) Par contre certains noms ne rappellent en rien les familles notariales : de Lhostel, Chatton, Vizu, de Barry, Dathie, Charpentier, Descroisettes, de Saint-Gobin ou Gobert, Broulare, Tampé, Demazingarbe, Mallet. Il faut noter que par un arrêt du lundi 13 décembre 1762, rendu en la grand'chambre sur les conclusions de M. Le Peletier de Saint-Fargeau, il a été jugé qu'au bailliage de Saint-Quentin l'office de procureur et celui de notaire n'étaient pas compatibles.

Il est assez remarquable qu'à une époque où les règlements des corporations apportaient une restriction énorme à la liberté du commerce, les officiers ministériels aient été plus libres que depuis la Révolution, et que ce soit au XIX⁰ siècle seulement qu'aient été bien définies la discipline, les attributions restreintes, les peines, etc.

Cependant il existe des règlements : on en trouve un pour les frais ; règlement du 28 mars 1692, les procureurs sont obligés de tenir des registres de leur recette et ne peuvent demander leurs frais que pendant un temps limité : d'anciens règlements du 10 octobre 1537 et du 7 mai 1541 s'occupaient du stage et de la capacité des candidats à la profession : tous ceux qui n'ont pas dix ans de palais et, dans ces dix ans, trois ans de la fonction de maître-clerc, ne peuvent être reçus procureurs au parlement ; mais ces règlements ne sont pas toujours rigoureusement appliqués : au XVIII⁰ siècle on ne demande pas le certificat du temps de palais aux fils de procureurs ; il y a des abus, et cependant, dit un contemporain, « la capacité ne se communique pas par le sang ».

Dans les sièges où les procureurs forment un corps de communauté, ils ont des syndics et autres officiers à leur tête pour suivre les affaires qui peuvent intéresser le corps ; mais leurs décisions sont qualifiées d'avis et on ne peut les faire exécuter qu'après les avoir fait homologuer ou confirmer.

Les lois appellent le procureur *dominus litis*, et cela répond parfaitement à la qualité de « maîtres » qu'on leur donne, car ils sont qualifiés de maîtres dans tous les tribunaux.

« Ils sont établis, dit Domat (le grand jurisconsulte du « XVII⁰ siècle), pour faire cesser dans les tribunaux la liberté « qu'avaient les parties de faire éclater leurs passions et leurs « emportements contraires au respect dû au juge ».

Les procureurs peuvent plaider eux-mêmes sans ministère d'avocats les causes dont ils sont chargés ; à cet égard les avocats et les procureurs ont la concurrence, à l'exception des causes d'appel que les procureurs ne peuvent plaider au parlement.

Quoi qu'il en soit, à la veille de la Révolution, en 1787,

l'Almanach historique de la ville de Senlis (1) nous apprend qu'il y a 7 procureurs en charge : Lasnier, doyen, Crestel père, Boursier, Bonfils, Levasseur, Duchauffour et Charpentier.

Nous en retrouverons deux seulement, Mes Boursier et Duchauffour, après la tourmente révolutionnaire.

Avec ces 7 procureurs, il y avait, en la même année 1787, 11 avocats que le même almanach nous donne par ordre d'ancienneté avec leurs dates :

Regnard, doyen, 1736 ; Leclerc Dupont, 1739 ; Le Bay, 1754 ; Foullon, 1756 ; De Bray, 1763 ; Laurens de la Fosse, 1774 ; Leclerc fils, 1774 ; Dufresnoy, 1775 ; Chrestien, 1777 ; Le Blanc fils, 1780 ; Crestel fils, 1785.

Cette liste de procureurs est-elle complète ? Dans l'un des numéros des affiches et annonces diverses pour la Ville de Senlis, n° 18 du mardi 8 août 1786, — à propos de la vente sur saisie réelle au siège de la châtellenie de Chantilly des biens d'un sieur Delaître, sont énumérés les procureurs représentant les créanciers.

Si on retrouve bien les noms cités plus haut, sauf Crestel père et Charpentier, il y a en plus Mes Corborand, Boucher Deterville et Chambrelant ; or nous allons voir tout à l'heure, à propos de la première réunion de la compagnie des avoués près le Tribunal civil de Senlis, en l'an IX, les noms de Mes Corborand et Chambrelant. Ils n'avaient donc pas cessé d'exercer leurs fonctions ! (2)

Enfin, dans ces mêmes affiches, n° 12 du 8 mai 1789, parut l'avis suivant : *Mutation.* — Me Etienne-Charlemagne Vallée, licencié ès loix, a été pourvu de l'office de procureur au bailliage provincial et siège présidial de Senlis au lieu et place

---

(1) A Senlis, chez N. L. F. Des Roques, seul impr. libr. de la Ville et du Diocèse. — Prix douze sols.

(2) Mes Corborand et Chambrelant devaient être procureurs à Chantilly, ou tout au moins l'un d'eux à Chantilly et l'autre dans une autre localité des environs de Senlis. C'est ce qui explique qu'il ne soit pas question d'eux dans l'almanach senlisien, alors qu'ils étaient cependant en exercice avant la Révolution.

de Mᵉ Jacques *Germain*, et demeure rue du Châtel. Or, tout à l'heure, on ne nous avait pas parlé de Mᵉ Germain !

Remontant un peu plus haut et toujours grâce à un almanach, cette fois *l'Almanach curieux de la Ville de Senlis pour l'année bissextile 1756*, imprimé chez Nicolas des Rocques, imprimeur libraire, nous trouvons pour la liste des procureurs Martine, doyen, Foullon, Regnard de Gozengré, Lasnier, Lefèvre, Germain, Crestel.

Succédant aux procureurs pendant l'époque révolutionnaire, les avoués, institués par les décrets du 29 janvier et du 11 février 1791 et la loi du 20 mars même année qui supprimèrent la vénalité et l'hérédité des offices ministériels près les Tribunaux, furent temporairement supprimés par l'article douze du décret du 3 brumaire an II, mais ils furent rétablis par la loi sur l'organisation des tribunaux, loi du 27 ventôse an VIII, article 93 (1).

Ils n'ont pas comme les notaires l'honneur d'avoir pour eux seuls une longue loi organique ; il faut plusieurs lois, décrets et arrêtés successifs pour que soient élaborées les règles qui régissent encore aujourd'hui cette corporation : arrêté du 18 fructidor an VIII ; arrêté du 13 frimaire an IX, établissant les chambres de discipline et leurs attributions ; loi du 22 ventôse an XII, relative aux écoles de droit et aux études de

---

(1) Article 93. — Il sera établi près le Tribunal de Cassation, près chaque Tribunal d'Appel, près chaque Tribunal Criminel, près chacun des Tribunaux de première instance un nombre fixe d'avoués qui sera réglé par le Gouvernement sur l'avis du Tribunal auquel les avoués devront être attachés.

Article 94. — Les avoués auront exclusivement le droit de postuler et de prendre des conclusions dans le Tribunal pour lequel ils seront établis ; néanmoins les parties pourront toujours se défendre elles-mêmes verbalement et par écrit ou faire proposer leur défense par qui elles jugeront à propos.

Article 95. — Les avoués seront nommés par le premier Consul sur la présentation du Tribunal dans lequel ils devront exercer leur ministère.

droit (1) ; enfin décret du 6 juillet 1810, organisant les cours impériales et les avoués d'appel, articles 112 et suivants.

*
* *

Le registre des délibérations dont je vais extraire les principaux éléments de cette étude commence le 9 nivôse an IX de la République (2), il nous présente sept avoués près le Tribunal civil de première instance de Senlis : Mes Pierre-Louis Boursier, Jacques-Didier Corborand, François Chambrelant, Claude-Lupicin Delatour, Pierre-Claude Lavoisier, Jean-François Duchauffour et Honoré-Etienne Guénot.

Autant il a fallu de formalités et de décisions pour supprimer quelques études de notaire ou en créer, autant les changements ont été nombreux et opérés facilement dans les études d'avoués de notre arrondissement ; de ces sept titulaires de charges quatre seulement ont eu des successeurs directs jusqu'à notre époque : Me Baudet représente Me Boursier ; Me Chastaing est le successeur de Me Delatour, Me Savary représente Me Duchaufour et Me Morand a succédé à un siècle environ de distance à Me Guénot : c'est en 1812 seulement qu'apparaîtront les pré-

---

(1) Article 26. — Relativement aux avoués, il faut être au moins capacitaire en droit, c'est-à-dire qu'il faut avoir suivi le cours de législation criminelle et de procédure civile et criminelle, subi un examen devant les professeurs et en rapporter une attestation visée d'un inspecteur général.

Article 31. — Prestation de serment de ne rien dire ou publier comme défenseurs ou conseils de contraire aux lois, aux règlements, aux bonnes mœurs, à la sûreté de l'Etat, à la paix publique, et de ne jamais s'écarter du respect dû aux tribunaux et aux autorités publiques.

Articles 32. — Les avoués qui seront licenciés pourront devant le Tribunal auquel ils sont attachés et dans les affaires où ils occuperont plaider et écrire dans toute espèce d'affaires concurremment et contradictoirement avec les avocats. En cas d'absence ou de refus des avocats de plaider, le Tribunal pourra autoriser l'avoué, même non licencié, à plaider la cause.

(2) Pendant assez longtemps ce registre servira non seulement aux délibérations de chambre, mais encore aux publications légales, contrats de mariages, séparations, etc...

décesseurs médiats, suivant l'expression consacrée, de Mᵉˢ Loir et Escavy.

Les études Chambrelant et Corborand ont été supprimées au décès de leur titulaire : quant à l'étude Lavoisier elle s'est éteinte, c'est le mot propre, avec Mᵉ Grenier, qui a fourni un extraordinaire exercice de cinquante-deux ans, le plus long certainement dans l'histoire de la basoche senlisienne. La première réunion officielle de nos avoués avait pour but d'obéir à l'arrêté de frimaire an IX et de désigner la première chambre de discipline ; il est décidé que cette chambre ne comprendra que 3 membres, un président, un « sindic » et un rapporteur qui cumulera cette fonction avec celles de secrétaire et de trésorier. Un premier règlement est élaboré ; il est dit notamment qu'en l'absence d'un de ses membres la chambre pourra se compléter par l'appel d'un confrère, celui que les deux membres présents jugeront à propos de choisir.

Les membres de cette première chambre furent Mᵉ Boursier, président, Mᵉ Duchauffour, secrétaire, et Mᵉ Lavoisier, syndic.

Dès la seconde réunion, il est question de la candidature de Mᵉ Jean-Pierre Bourget, « homme de loy », qui demande à être admis au nombre des avoués prés le Tribunal de Senlis ; la chambre lui délivre un certificat de capacité et de moralité ; aucune réflexion n'est faite au sujet de cette création d'étude ; Mᵉ Bourget ne restera d'ailleurs pas longtemps en fonction ; le 29 juillet 1806 il est installé juge au Tribunal de Senlis et n'est pas remplacé comme avoué.

Puis c'est successivement Mᵉ Hippolyte-Constant Levasseur (25 prairial an XI) qui fonde aussi une nouvelle étude dont il sera le premier et unique titulaire ; Mᵉ Toussaint-Clément Grenier (22 thermidor an XII) qui demande à succéder à Mᵉ Lavoisier et qui lui succède en effet ; Mᵉ Marie-Barthélemy Ducourois, né et domicilié à Senlis (séance du 8 janvier 1807), qui va fonder une nouvelle étude ; l'étude de Mᵉ Ducourois aura d'ailleurs une plus longue carrière ; son dernier titulaire sera Mᵉ Cadot et en 1892 les six confrères la rachèteront.

Mᵉ Ducourois eut de la part de ses futurs collègues un accueil flatteur : « La chambre, indépendamment des recommandations « honorables dont Mᵉ Ducourois est porteur, atteste à MM. les

« magistrats que le pétitionnaire lui est particulièrement
« connu comme homme probe et éclairé et qu'elle forme le vœu
« le plus sincère de le compter incessamment au nombre de
« ses confrères ».

Enfin, le 28 septembre 1810, a lieu la présentation de M.
Louis-Alexandre Dufay, licencié en droit, principal clerc à
Paris, pour succéder à Mᵉ Guénot, démissionnaire en sa faveur
(c'est la première fois que la démission en faveur d'un futur
successeur est nettement indiquée) ; avec M. Dufay apparaît un
nom illustre dans le barreau senlisien (1).

Je ne veux pas parcourir, surtout dans une énumération
chronologique et fastidieuse, tous les changements de titulaires
qui se sont produits ; mais je tiens à présenter les fondateurs de deux études qui existent encore aujourd'hui.

Mᵉ Toussaint-Zénon Rebours est présenté le 16 avril 1812 :
c'est le fondateur de l'étude de Mᵉ Loir ; il était né à Crépy le
5 avril 1787 ; ex-maître clerc d'avoué, il habitait Crépy au
moment de sa présentation ; il était muni d'une dispense
définitive de service à lui délivrée par le Conseil de recrutement
du département de l'Oise à Beauvais le 27 février 1807 sous le
nᵒ 107. Il doit être parent de Mᵉ Rebours alors notaire à Baron.

Le 6 juin même année, le certificat de capacité et moralité du
sieur Durantin, licencié en droit et avocat à Paris, est demandé ;
la chambre, ayant besoin de recueillir des renseignements avant
de donner son avis, s'ajourne ; le 28 juillet, la chambre assemblée
dans le cabinet de Mᵉ Duchauffour (2), alors président, entend
le rapporteur, Mᵉ Dufay, qui déclare que les renseignements
obtenus sont tout à fait favorables. L'étude Durantin ainsi créée
est actuellement l'étude Escavy.

*
* *

Comme je l'ai signalé, les publications par extraits des
contrats de mariage et des séparations se trouvaient sur le même

---

(1) M. Dufay a présenté un certificat de dispense définitive de
service militaire.

(2) A cette époque Mᵉ Duchauffour demeure rue de la Montagne-
Saint-Aignan et Mᵉ Dufay place Saint-Maurice, nᵒ 480.

registre que les délibérations de la chambre : à partir du 1ᵉʳ juin 1813, il n'en sera plus ainsi ; en exécution des décisions de leurs Excellences le Ministre des Finances et le Grand Juge et d'une lettre en date du 31 mai du Procureur impérial, il y aura deux registres séparés.

Le premier juillet 1813, le président de la chambre a communiqué aux avoués ses confrères la curieuse lettre suivante de M. le Procureur impérial au Tribunal de première instance de Senlis, datée du 30 juin :

« Monsieur,

« D'après les réclamations adressées à Son Excellence le Grand Juge Ministre de la Justice par l'un des notaires de cet arrondissement de l'exemption du Service de la Garde nationale, Son Excellence a décidé qu'aucune loi, aucun décret ne dispensant les notaires, les avoués ou les huissiers, cette réclamation n'était pas fondée. Qu'à l'égard de ceux d'entre eux qui ont des causes particulières d'exemption à faire valoir, ils devaient s'adresser au Conseil d'organisation chargé de prononcer sur ces sortes de réclamations. Je vous engage à donner connaissance de cette décision à MM. vos collègues et de m'accuser réception...

« J'ai l'honneur de vous saluer ».

« CHRESTIEN ».

L'un de nos confrères estimait donc que la garde des minutes de ses clients devait l'exempter de la garde de la ville. Je me demande si son cas fut exceptionnel et si, au contraire, notaires et avoués ont rivalisé de zèle et d'aptitudes militaires et s'ils ont obtenu des grades élevés dans la garde nationale : malheureusement nos procès-verbaux ne nous l'apprennent pas (1).

A ce moment l'étude de Mᵉ Boursier décédé est sans titulaire (ce sera bientôt M. Charles-Louis-François Duchauffour (2), et il y a sept avoués en exercice : Mᵐˢ Duchauffour, Grenier, Ducourois, Dufay, Regnard, Rebours et Durantin.

_____

(1) Les archives de la garde nationale nous apprennent par contre que beaucoup de notaires et d'avoués ont été officiers dans la garde nationale et à toutes les époques.

(2) Présenté le 16 septembre 1813, il est en fonction à la fin de cette année.

Les événements de 1814 et 1815 ne sont pas favorables aux affaires, la vie doit être suspendue pendant la campagne de France et l'invasion, et nos avoués ne songent ni à renouveler leur bureau ni même à se réunir. Ont-ils puisé dans ces pénibles évènements la haine du régime impérial, et ont-ils vu en Sa Majesté Louis XVIII un sauveur et l'auteur d'une véritable restauration de la tranquillité, de la paix et des affaires, c'est probable, car ils donnent au nouveau souverain dès leur première réunion depuis la tourmente, 14 décembre 1815, un témoignage de loyalisme assez touchant : « Les avoués réunis ce jour dans le cabinet de Mᵉ Duchauffour, président de la chambre, ont unanimement résolu pour subvenir aux besoins de l'Etat d'offrir à Sa Majesté la remise des intérêts de leurs cautionnements pendant 5 ans à partir du 1ᵉʳ janvier 1815. Ils supplient Sa Majesté d'en agréer l'hommage. M. le Président de la chambre est invité d'adresser la présente délibération à M. le Procureur du Roi près le Tribunal. » Sept des huit membres signèrent cette adresse, Mᵉ Ducourois s'abstint.

Cette délibération ayant été remise à M. le Procureur du Roi, il y fut répondu de la manière suivante :

« Paris, le 23 décembre 1815.

« A M. le Procureur du Roi près le Tribunal de première instance séant à Senlis :

« J'ai reçu, Monsieur, avec votre lettre du 15 de ce mois, la délibération par laquelle les avoués au Tribunal civil séant à Senlis font abandon au Gouvernement de l'intérêt de leur cautionnement pendant cinq ans. Vous voudrez bien leur faire connaître que Sa Majesté a vu avec satisfaction le sacrifice qu'ils font dans les circonstances difficiles où se trouve en ce moment l'Etat.

« Recevez, Monsieur, l'assurance de mes sentiments.

« *Le garde des Sceaux, Ministre secrétaire d'Etat,*
« MARBOIS. »

« Senlis, le 25 décembre 1815.

« Le Procureur du Roi à Monsieur le Président de la Chambre des avoués près le Tribunal.

« Monsieur,

« Je ne puis mieux remplir la mission de Son Excellence Monseigneur le Garde des Sceaux de France, qu'en vous transmettant copie certifiée de sa lettre du 23 de ce mois contenant accusé de réception de la délibération de la chambre que vous présidez, portant abandon de cautionnement pendant 5 ans. Vous y trouverez l'expression de satisfaction de Sa Majesté.

« Recevez, je vous prie, Monsieur, l'assurance de ma parfaite considération.

« CHRESTIEN. »

C'est le même magistrat, mais la lettre est plus cérémonieuse et plus courtoise que celle qu'il écrivait naguère comme procureur impérial ; différence de régime qui se manifeste ; c'est plus talon rouge, et moins militaire.

Après quelques années de vie à huit, huit avoués pour le Tribunal civil de Senlis, ils s'aperçurent que ce nombre était trop élevé, et saisissant l'occasion offerte par la démission de Mᵉ Chollet l'un d'eux au profit de Mᵉ Bousset, avocat à Paris, ils disent dans un procès-verbal du 30 juillet 1821, sous la présidence de Mᵉ Grenier :

« La Chambre, considérant que le nombre des avoués fixé à huit pour le Tribunal de Senlis (1) n'est pas en proportion avec celui des autres tribunaux qui l'entourent, tels que Meaux, Pontoise, Compiègne, Melun, Soissons, Fontainebleau, etc., exprime le désir que le nombre soit réduit à six. Pour y parvenir sans nuire aux intérêts des avoués qui auraient l'intention de se démettre, la Chambre, ayant l'assentiment de tous les confrères, propose d'acquérir les titres excédant le nombre de six, alors que leurs titulaires manifesteraient l'intention de les céder ; elle propose également de rembourser leurs cautionnements qui pourraient être conservés à la caisse d'amortissement ; cette mesure mettrait le nombre des avoués au Tribunal de Senlis en rapport avec l'organisation des Tribunaux de première instance d'une même étendue, etc... »

---

(1) On ne nous dit pas quelle est l'autorité qui a fixé ce nombre.

Ce vœu n'a été réalisé que partiellement en 1858... après le décès de Me Grenier, puis complètement en 1892 par le rachat de l'étude Cadot ; il a fallu 71 ans.

Voici maintenant une question qui pourrait redevenir actuelle si elle n'est déjà de la plus brûlante actualité après l'horrible guerre que nous venons de subir et en raison de l'énorme quantité de victimes qu'elle a faites, morts ou disparus. Des agents d'affaires cherchaient alors à avoir avant les familles des renseignements exacts sur les militaires décédés ou disparus, et tiraient profit de ces renseignements auprès des familles ou usaient de ces renseignements dans des négociations louches. Les disparitions de militaires devaient être fréquentes après les campagnes de l'Empire et principalement après la retraite de Russie. Que de familles devaient attendre, en vain souvent, un retour !

Le 13 juin 1824 est faite à la chambre des avoués la communication d'une circulaire du Ministre de la Justice, transmise par le Parquet général et le Parquet de Senlis, ainsi conçue :

« Une décision du Ministère de la Guerre du 9 octobre 1821, porte que les certificats de service et de décès concernant les militaires seraient directement remis aux parties intéressées ou par l'intermédiaire des maires et autres fonctionnaires publics. Cette disposition avait pour but de soustraire les familles à la cupidité et aux manœuvres des agents d'affaires que je vous ai signalés par ma circulaire du 9 janvier dernier (n° 4556 B 5). Malgré cette précaution, Son Excellence le Ministre de la Guerre a remarqué que plusieurs de ces individus avaient éludé les effets de la mesure adoptée en signant les noms des parents ou autres personnes intéressées à connaître le sort des militaires, et, pour remédier à cet abus, il a décidé, le 25 février dernier, qu'à l'avenir il ne serait plus donné suite dans les bureaux aux demandes qui auraient pour objet d'obtenir des renseignements sur le sort des militaires qu'autant qu'elles auraient été transmises par des fonctionnaires judiciaires civils ou militaires ».

Des notaires et avoués avaient, paraît-il, couvert de leur signature l'irrégularité de semblables demandes, quelques-uns de très bonne foi, d'autres en des circonstances suspectes.

« J'espère, dit en terminant le Garde des Sceaux comte de Peyronnet, qu'avertis par cette circulaire, les notaires et officiers ministériels s'abstiendront de prêter leur ministère à cette foule d' « agens » qui ne cherchent qu'à exploiter la crédulité des malheureux qu'ils circonviennent ».

Malgré cet avis sage autant qu'énergique, ce trafic dut continuer, car le 21 avril 1828 parut une nouvelle circulaire de Sa G. Mgr. le comte Portalis relative aux agents d'affaires établis à Paris et dans les départements, qui, « ayant fait connaître aux familles des militaires absents qu'ils se chargeaient de leur procurer les actes de décès de ceux-ci ou des renseignements sur leur sort, employèrent les manœuvres les plus criminelles jusqu'à fabriquer même de faux actes de décès pour tromper le public ». « Ces agents d'affaires ont trouvé dans la complaisance de quelques officiers ministériels le moyen d'éluder les effets de la circulaire du 25 février 1824 ».

Le nom d'un de ces agents d'affaires est prononcé, Maller de Duren, agent d'affaires à Paris. Cette circulaire n'a pu atteindre personne à Senlis, il n'est question d'aucune faute de ce genre dans notre arrondissement, — et le procureur du Roi, en transmettant cette circulaire, dit qu'il le fait par devoir, mais qu'il a la plus grande confiance dans les sentiments de délicatesse et d'honneur qui animent le personnel des officiers ministériels de notre arrondissement — 13 may 1828.

Le 12 août 1824, avait été présenté Mᵉ Augustin-Victor Sallé, principal clerc d'avoué demeurant à Compiègne, né à Noyon le 1ᵉʳ septembre 1793. — Mᵉ Sallé a joui d'une certaine notoriété à Senlis.

Les événements de 1830 n'ont laissé aucune trace dans notre registre ; aucune perturbation ne se manifeste dans la vie tranquille de nos avoués ; les réunions se succèdent dans le plus grand calme ; ce qui les préoccupe en août 1830, c'est leur installation ; la « Chambre » se meuble, et pour 157 francs : ce n'est pas encore la vie chère ; elle a fait travailler maçon, menuisier, ébéniste, serrurier et tourneur : les sieurs Piat, maçon ; Sanat, menuisier ; Goulat, ébéniste ; Desachy, serrurier, et Lorrier, tourneur, ont fait des ouvrages de leur état, suivant l'expression du procès-verbal ; c'est dommage que nous ne sachions pas lesquels ; cependant il est dit que le tourneur a fourni des chaises pour 36 francs.

Une alerte survient en fin d'année : il est question du droit de plaider qui rehausse la profession des avoués et qu'ils défendent comme il est naturel.

Le 25 novembre 1830, le président donne lecture d'une lettre de M. le Procureur général près la Cour royale d'Amiens, en date du 19 novembre, par laquelle ce magistrat informe le président que la Cour doit très prochainement dresser l'état des Tribunaux où la plaidoirie sera exclusivement dévolue aux avocats et l'invite, dans le cas où la Compagnie aurait des observations à faire, à les lui adresser dans le plus bref délai. Sentant qu'on va porter atteinte à un privilège qu'elle apprécie, la Chambre va faire des efforts pour le conserver.

« La Chambre, après en avoir délibéré, a été unanimement d'avis de soumettre à M. le Procureur général les observations suivantes : Le Tribunal de Senlis n'a pas de collège d'avocats, un seul avocat existe au barreau, il n'est pas probable qu'il vienne s'en établir d'autres. Les avoués de Senlis sont donc certains dans tous les cas, de par la force même des choses, de plaider les causes dans lesquelles ils occupent. Mais doivent-ils tenir comme une concession provisoire et revisible chaque année ce qui leur appartient comme un droit d'après la loi ? La Chambre ne balance pas à résoudre cette question par la négative. « En effet la loi du 22 ventôse an XII, article 32, « dispose que les avoués qui seront licenciés pourront, dans le « Tribunal auquel ils sont attachés et dans les affaires où ils « occuperont, plaider et écrire dans toute espèce d'affaires « concurremment et contradictoirement avec les avocats. Ce « droit des avoués licenciés de plaider dans leurs affaires leur « est accordé par une loi ; il leur est accordé pour l'avenir, « c'est-à-dire jusqu'à ce qu'une autre loi soit venue révoquer « celle-ci. Cependant un décret du 2 juillet 1812 avait singu- « lièrement restreint à cet égard le droit des avoués licenciés. « Une ordonnance royale du 27 février 1822, enchérissant « encore sur ce décret, a posé de nouvelles limites « en anéantissant ce droit dans une partie des tribunaux de « France, et en le restreignant à une simple concession annuelle

« et révocable dans les autres tribunaux. La Chambre pense
« que le décret de 1812 et l'ordonnance de 1822 sont illégaux et
« inconstitutionnels, qu'ils n'ont pu enlever aux avoués-licenciés
« un droit qu'ils tiennent de la loi et qu'une loi seule pouvait
« les en priver. Elle croit donc que dans les heureuses circons-
« tances où se trouve la France et lorsqu'elle vient de com-
« battre pour le triomphe de la loi sur l'arbitraire, il est de son
« devoir de réclamer contre l'application du décret et de l'or-
« donnance et de demander respectueusement à la Cour qu'en
« faisant rentrer les choses dans l'ordre légal dont elles
« n'auraient jamais dû sortir, il lui plaise de décider que, sans
« avoir égard au décret de 1812 et à l'ordonnance de 1822, il
« n'y a pas lieu de délibérer pour accorder ou refuser aux avoués
« licenciés un droit qu'ils tiennent de la loi ».

« Le Président est invité à transmettre une expédition de la
« dite délibération à M. le Procureur général avec prière de la
« mettre sous les yeux de la Cour ».

La chambre dit héroïquement son fait au régime... déchu... ;
d'ailleurs il n'est plus question de ceci par la suite et aucune
solution n'est indiquée.

Le 5 novembre 1839, il est question de l'installation du Tribunal dans un nouveau local, probablement les dépendances de
la Charité, où il était encore en 1914, et les avoués vont y avoir
place : « une pièce au rez-de-chaussée, derrière la chambre
du Conseil, à laquelle on pénètrerait par une porte donnant sur
le couloir où est situé l'escalier conduisant aux greffes, porte
qui serait ouverte à cet effet ».

La chambre vote 400 francs pour l'aménagement de ce nouveau local et chaque avoué verse 50 francs, en 1840.

(1) Le 3 novembre 1851, Mᵉ Grenier, président, communique à
ses collègues membres de la chambre une lettre de M. le Président du Tribunal civil du même jour ainsi conçue :

« J'ai l'honneur de vous donner connaissance qu'une messe
du Saint-Esprit sera célébrée comme d'habitude dans l'église

---

(1) Nous sommes arrivés au second des registres que j'ai dépouillés ;
ce second commence le 11 janvier 1847, il est encore en usage actuellement.

de la Charité pour la rentrée du Tribunal ; je vous prie d'assister ainsi que MM. les avoués à cette cérémonie religieuse qui aura lieu à 11 heures précises et à l'issue de laquelle le Tribunal reprendra ses travaux judiciaires ».

« Recevez, M. le président, l'assurance de ma considération très distinguée ».

« Signé : VATIN ».

La majorité de la chambre a été d'avis de déférer à l'invitation ; mais l'un des membres a refusé de signer la délibération.

Voici un autre léger incident, l'année suivante, à propos du projet de rétablissement de l'Empire : le 9 novembre 1852, le vénérable président de la chambre des Avoués, Me Grenier, a donné connaissance d'une lettre qu'il venait de recevoir de M. le Procureur de la République ainsi conçue :

« M. le Préfet de l'Oise vient de me faire observer qu'un assez grand nombre de chambres d'Avoués avaient cru devoir envoyer une adresse à Monseigneur le Prince Président pour le rétablissement de l'Empire et qu'il serait peut-être convenable que leur exemple fût suivi par la chambre de Senlis.

« En conséquence j'ai l'honneur d'appeler toute votre attention sur ce point. Si vous et vos confrères pensiez devoir vous associer aux manifestations éclatantes qui sont faites en faveur de l'Empire, je serai heureux de transmettre votre adresse à M. le Garde des Sceaux ».

« Recevez, Monsieur, etc.... ».

M. le président invite la chambre à délibérer ; les membres de la chambre étaient alors Me Godin, syndic, Me Lasserre, rapporteur, et Me Buffard, secrétaire trésorier : Me Godin était absent ; Me Buffard ne veut pas prendre part à la délibération en l'absence d'un membre de la chambre et pour un motif qui ne rentre pas dans les attributions de cette chambre.

Par suite de l'abstention de Me Buffard et de l'absence de Me Godin, le président ajourne la délibération et convoque toute la compagnie pour le lendemain 10 novembre à midi. La réunion comprend Mes Grenier, Lasserre, Buffard, Dufay, Themry et Frémy ; sont absents Mes Pelbois et Godin.

M⁰ Buffard persiste dans son abstention et M⁰ Dufay se retiré sans approuver ni contester le but de la réunion. Les quatre membres restant ont déclaré alors approuver l'adresse ci-après et la signer ; en voici la teneur :

« A Monseigneur Prince Président de la République,

« Votre noble cœur, s'inspirant des circonstances, a, par une de ces mesures aussi énergiques que salutaires, sauvé naguères le pays des malheurs et de l'anarchie qui le menaçaient et ranimé ses espérances. La compagnie des avoués près le Tribunal de Senlis a partagé ces craintes et ces espérances. Elle vient joindre ses vœux aux acclamations de la France entière.

« Prince, daignez accepter l'Empire que la France vous offre ; elle vous confie ses destinées ; de vous et votre dynastie dépendent son avenir, son repos et sa prospérité.

« Votre Altesse Impériale trouvera toujours et en toutes circonstances les membres de notre compagnie attachés à leurs devoirs et fidèles à leurs serments.

« Nous sommes de Votre Altesse, Monseigneur, les très humbles, très obéissants et très dévoués serviteurs ».

Je note en passant, le 29 février 1856, la présentation de M⁰ François-Philippe-Ernest Chalmin, principal clerc de M⁰ Barrard, avoué à Paris. M⁰ Chalmin, dont le nom est encore dans toutes les mémoires, a joué un rôle à Senlis comme avoué, comme adjoint au maire et comme magistrat.

Nous nous rapprochons de l'époque contemporaine, je ne retiens plus que trois faits :

Lors de la retraite de M. le président Vatin, un de nos plus illustres prédécesseurs en cette société, la Compagnie des avoués a pris, le 16 juin 1864, la délibération suivante :

« La compagnie, voulant qu'il reste un souvenir durable du regret aussi profond que sincère que lui cause la retraite de M. le président Vatin, désirant posséder pour chacun de ses membres un portrait de l'excellent magistrat dont la bonté lui rendait le devoir si facile et la reconnaissance si douce, a pris unanimement la résolution suivante : il sera tenu état sur les registres de la compagnie des sentiments dont elle est animée à l'égard de M. le président Vatin. Il sera fait auprès de M. le président une démarche dont le but sera de lui exprimer les regrets de la compagnie et la prière instante de donner son portrait, qui restera placé dans le cabinet de chacun d'eux, comme un témoignage précieux de bienveillant souvenir » (1).

Le 22 mai 1866, la compagnie fait œuvre patriotique et de bon goût en répondant ainsi à une demande de souscription :

« La compagnie, vu la demande qui lui a été adressée par le comité central constitué à Rouen pour le rachat par souscription nationale de la tour dite de Jeanne d'Arc, décide qu'une somme de trente-cinq francs sera envoyée au comité, en regrettant que l'exiguité de ses ressources ne lui permette pas de contribuer à cette œuvre dans des proportions plus importantes ! ».

Enfin une affaire d'intérêt général pour l'arrondissement a été soumise à la compagnie le 9 avril 1867 : c'est une demande, la quatrième, paraît-il, faite par la commune de Balagny-sur-Thérain pour passer du canton de Neuilly-en-Thelle (arrondissement de Senlis) au canton de Mouy (arrondissement de Clermont) ; — les motifs invoqués par la commune ne sont pas indiqués, nous les devinons : proximité plus grande du nouveau canton et du nouveau chef-lieu d'arrondissement. La compagnie donne un avis nettement défavorable : « Considérant d'ailleurs que ces sortes de demandes ne doivent être accueillies qu'avec la plus grande circonspection, qu'elles sont en effet de nature à jeter de graves perturbations dans les populations qu'elles atteindraient et occasionner des désorganisations de toutes sortes dans les services financiers hypothécaires et judiciaires ; qu'il n'y a pas en effet de canton dans le département et même dans la France entière qui ne possède une ou plusieurs communes dans la situation où se trouve placée celle de Balagny ; que si toutes demandaient leur distraction on ne serait occupé qu'à des délimitations de territoires qui pourraient varier à chaque instant selon le caprice de l'administration municipale.

« Considérant qu'il y aurait injustice criante à distraire de l'arrondissement de Senlis, qui est le moins peuplé des quatre arrondissements de l'Oise, qui compte en effet un canton et 35 communes de moins que celui de Clermont, une de ses com-

(1) Une cérémonie analogue eut lieu à la retraite de M. le président Paisant.

munes les plus importantes qui n'a aucun intérêt sérieux à être déplacée... ».

Je m'arrête ici, d'autant qu'en 1870 et 1871 aucune allusion intéressante n'est faite dans le registre aux événements militaires ou politiques.

Dans cette longue course que je viens de faire dans les deux précieux registres, je n'ai rien rencontré de fâcheux pour la compagnie des avoués près notre Tribunal ni même pour l'un de ses membres, toute discrétion et correction mise à part. Une seule peine disciplinaire a été prononcée : ce fut en 1847, peine de l'interdiction de l'entrée de la chambre pendant un an.

Les querelles entre confrères, si fréquentes généralement, y sont rares et peu graves ; celle qui paraît avoir suscité le plus d'émotion s'est produite entre Mes Dufour et Bousset en 1833 ; une scène violente eut lieu entre eux au sortir de l'audience le jeudi 7 février 1833 à la suite de quelques paroles un peu vives échangées dans la chaleur d'une plaidoirie. Il y eut plusieurs délibérations pour apaiser et terminer cette affaire et la chambre décida d'envoyer une lettre signée de tous ses membres à tous les confrères pour les prier « d'observer les égards et la bienveillance dont on doit user réciproquement afin que ce qu'il peut y avoir de chaleureux dans une plaidoirie ne dégénère pas en querelle personnelle ».

Toutes les autres plaintes sont banales et portent sur des revendications de clientèle ou des questions de taxes et d'honoraires.

La lutte a été vive avec les huissiers : la première escarmouche ne remonte qu'à 1832 (1), mais elle est assez chaude, et dans une lettre que les avoués écrivent au Procureur du roi nous relevons ceci :

« Jusqu'à la fin de l'année dernière l'harmonie la plus parfaite avait régné entre les avoués et les huissiers de l'arrondissement de Senlis. Jusque là ces deux corps avaient senti que rapprochés à chaque instant par des relations indispensables ils se devaient mutuellement des égards et des procédés ; personne n'y avait manqué, lorsqu'au mois de décembre dernier, sans aucun

---

(1) Séances des 23 mars et 19 juillet 1832.

avertissement, aucune démarche préliminaire, aucune tentative de conciliation, une assemblée générale et très illégale *(sic)* des huissiers de l'arrondissement est convoquée et prend une délibération fort illégale (à nouveau) aussi et conçue en termes inconvenants, injurieux même (!), dans laquelle des mesures sont adoptées contre les avoués près ce tribunal... Mais on n'avait pas apparemment comblé la mesure des mauvais procédés ; ceux qui dirigent toute cette manœuvre, les huissiers audienciers de Senlis, ont imaginé une nouvelle vexation, etc... ».

Il s'agit dans la circonstance d'une affaire de copie de pièces et de significations.

En 1833 l'affaire dure encore, une commission est nommée le 18 juillet 1833 pour s'entendre avec une commission nommée par les huissiers. Le 10 août la chambre entend le rapport des délégués et rédige un traité avec les huissiers. Petite lutte encore en 1839 ; puis en 1844 un nouveau conflit avec les huissiers éclate, mais paraît être vite apaisé.

En 1848, la chambre des avoués fit œuvre méritoire ; elle montra que si elle savait défendre envers et contre tous ses intérêts matériels et ses prérogatives, elle savait aussi en faire abstraction quand il s'agissait des déshérités de la fortune.

Si l'article 4 du décret du 13 frimaire an IX attribue aux chambres des avoués près les tribunaux l'examen et la consultation des affaires des « indigens », la loi sur l'assistance judiciaire n'est que du 22 janvier 1851 ; la chambre des avoués a donc eu quelque mérite à vouloir régler les formes pour l'arrondissement de Senlis de l'intervention en faveur des indigents et c'est justice, suivant l'expression si usitée au Palais, de rappeler ce qu'elle a décidé dans ce but.

« Article 1er. — Tout indigent qui aura un procès à soutenir, des droits à revendiquer, une créance à exercer, devra se présenter au président de la chambre des avoués muni de ses pièces et titres et d'un certificat délivré par le maire de sa commune constatant son état d'indigence.

« Article 2. — Le dossier de l'affaire sera transmis à l'un des membres de la chambre chargé de faire son rapport.

« Article 3. — Si la chambre reconnaît par suite du rapport que la prétention du réclamant est fondée et mérite assistance, elle délègue un des membres de la compagnie à tour de rôle pour suivre l'affaire.

« Article 4. — En cas de perte du procès, les déboursés faits au nom de l'indigent seront remboursés par les fonds de secours de la compagnie à l'avoué qui les aura avancés.

« Article 5. — La présente délibération sera transmise à M. le Procureur de la République avec prière de la faire connaître aux maires des communes de l'arrondissement. »

Tels sont les faits qui méritaient, ce me semble, d'être notés au cours de ces deux tiers de siècle, et chemin faisant, les travaux pouvant intéresser les profanes parmi ceux auxquels se sont livrés ces membres de la chambre des avoués qui ont surtout travaillé pour le bien de leur compagnie et sans espoir d'autres récompenses ; car leur labeur n'était pas rétribué : nous ne trouvons d'allusion aux jetons de présence qu'en 1868 où leur valeur est fixée à 3 francs (1).

Comme dans mon travail sur les notaires, je déplore de n'avoir pu faire une étude plus vivante, plus couleur locale ; de n'avoir pu faire un portrait, même vague, des personnages eux-mêmes ; c'est le dénûment le plus complet à cet égard. Sortons du nombre de leurs collègues les avoués qui furent le plus souvent présidents :

Mᵉ Boursier le premier. Mᵉˢ Duchauffour, Sallé, Dufay, Themry, enfin celui qui mérite une mention toute spéciale par sa longue carrière, que j'ai signalée au passage, et par les présidences nombreuses qu'il a exercées, j'ai nommé Mᵉ Grenier. Présenté le 22 thermidor an XII, Mᵉ Toussaint Grenier, « homme de loy demeurant à Senlis, qui, dit le procès-verbal de présentation, a le temps d'étude prescrit par les anciens règlements pour être admis aux fonctions d'avoué », est mort en charge et président de la chambre en janvier 1857. Dès 1820 il est président et occupe ce poste ; encore en 1825 ; 1827, syndic en 1833, il est à nouveau président en 1835, 1838, 1839, 1842 et 1843, 1847 et 1848, 1850 et 1852, et de 1854 à sa mort.

---

(1) Séance du 22 décembre 1868.

Peut-être y avait-il une grande part de déférence pour son âge dans ces nominations successives du vénérable doyen, mais il est tout de même un peu choquant que le procès-verbal, qui incidemment mentionne son décès, pour l'élection de son successeur à la chambre ne lui consacre aucune ligne de biographie ou de regret.

Vu son âge, l'étude était sans doute négligée et personne ne s'est offert pour l'acquérir.

Si la profession des avoués n'est pas à l'abri, comme tous les officiers ministériels, des réclamations amères des plaideurs qui ont perdu leur procès, ni même de celles des plaideurs qui ont gagné les leurs (car ceux-ci aussi ont dépensé beaucoup de temps et d'argent), elle acquiert un prestige et un lustre tout particulier quand elle est en même temps un barreau, ce qui fut le cas à Senlis. Procéduriers, paperassiers, soit, mais en même temps demandeurs et défendeurs à la barre devant le Tribunal, puis défenseurs tout court dans maints procès correctionnels dont les plus fréquents en ce pays boisé et giboyeux de l'Ile-de-France et du Valois sont ceux de chasse et de braconnage, les avoués ont formé et forment encore une corporation honorable et populaire qui a bien mérité que l'on ne l'oublie pas.

F. LOUAT
1919

ADDITION

M. Macon me permet d'éclairer le début de cette étude en m'envoyant une note sur la Justice de Chantilly sous l'Ancien Régime. Le siège de cette justice seigneuriale, qui englobait, outre Chantilly et ses dépendances, les seigneuries de Montépilloy et de Chavercy, était fixé au fief de Tournebus à Senlis, dans la rue du Châtel, et les procureurs habitant Senlis y étaient pourvus de provisions. Voici leurs noms en 1776 : Jean-Claude Lasnier, pourvu le 27 juillet 1747 ; Louis Crestel, pourvu le 1er mai 1755 ; Pierre-Louis Boursier, pourvu le 22 avril 1761 ; Alexis-Charles-François Bonfils, pourvu le 16 mai 1762 ; François Chambrelant, pourvu le 29 septembre 1763 ; Melchior-Gaspard-Balthazar Levasseur, pourvu le 17 avril 1772. Deux autres procureurs habitaient Luzarches : Charles-Louis Boucher, pourvu ès justices de Chaumontel et de Coye le 10 mars 1775, et Jacques-Didier Corborand, pourvu au fief de Tournebus et à la gruerie de Chantilly le 20 avril 1776. — Lorsque, en vertu des lettres patentes d'août 1776, toutes les justices du prince de Condé furent réunies et que le siège en fut fixé à Chantilly, les huits procureurs dessus nommés reçurent de nouvelles provisions, mais avec l'obligation pour Corborand et Chambrelant d'habiter Chantilly, Boucher maintenant sa résidence à Luzarches. L'Almanach historique de Senlis en 1787 mentionne encore les procureurs Lasnier, Crestel, Boursier, Bonfils, Levasseur. Le nouveau tribunal de Chantilly fut inauguré le 3 avril 1777 dans la vieille maison de Beauvais, située en face de l'église, et qui prit alors le nom d'hôtel des Juridictions.

Je remercie notre érudit vice-président de sa savante communication, que les lecteurs apprécieront.

Titulaires des différentes études

DE L'AN IX A 1919

———

M⁰ˢ Bourget, 7 floréal an IX, nommé juge, non remplacé.
Levasseur, 13 brumaire an IX, décédé, non remplacé.
Chambrelant François, 13 brumaire an IX, décédé, non remplacé.
Corborand Jacques-Didier, même date, décédé, non remplacé.

Études ayant subsisté

I

M⁰ˢ Guénot Honoré-Etienne, 13 brumaire an IX.
Dufay Louis-Alexandre (père), 4 janvier 1811.
Martin Jean-Dominique-Louis, 22 août 1834.
Dufay Victor-Louis-Henry (fils), 22 mars 1841.
Chalmin François-Philippe-Ernest, 7 mai 1856.
Alluard Marie-Joseph-François-Jules, 1884.
Leviéux Georges-Joseph, 1887.
Morand Georges, 25 janvier 1899.

II

M⁰ˢ Duchauffour Jean-François, 13 brumaire an IX.
Bezout Etienne-Jean-Baptiste-François, 17 juin 1820.
Cognasson Frédéric-Eugène, 16 octobre 1836.
Aubert Edouard, 6 mai 1849.
Pelbois Victor-Louis, 7 décembre 1850.
Savary Oscar-Emile-Joseph, 31 mai 1881.

III

Mᵉˢ Lavoisier Pierre-Claude, 13 brumaire an IX.
Grenier Toussaint-Clément, 24 août 1804, décédé en 1856, suppression de l'étude, décret de 1858.

IV

Mᵉˢ Delatour Claude-Lupicin, 13 brumaire an IX.
Regnard Nicolas-Rieul, 9 avril 1812.
Beaufils Saint-Vincent Jean-Baptiste, 6 octobre 1839.
Fremy Théophile, 7 mars 1843.
Vantroys Auguste-Guillain, 1869.
Sainte-Beuve Auguste, 3 janvier 1888.
Chastaing Paul-Joseph-Lucien, 26 juin 1912.

V

Mᵉˢ Boursier Pierre-Louis, 13 brumaire an IX.
Duchauffour (fils) Charles-Louis-François, 25 novembre 1819.
Sallé Augustin-Victor, 20 août 1824.
Buffard Louis-Adolphe, 8 septembre 1846.
Martin Jean-Louis, 12 avril 1854.
Babillon Louis-Clovis-Augustin, 24 mars 1855.
Aubert Pierre, 1862.
Plard Firmin-Auguste-Emmanuel, 1874.
Quéter Antoine-Bernardin-Ambroise, 1878.
Lionnet Narcisse, 1887.
Martin Philippe-Augustin-Hyacinthe, 1890.
Chambard Paul.
Poussard Emmanuel-Théodore-Marie, 1906.
Baudet Jules-Pierre, 25 avril 1911, mort pour la France le 22 septembre 1914, étude gérée par Mᵉ Sainte-Beuve et Mᵉ Loir.

VI

Mes Ducourois Marie-Barthélemy, 16 février 1807.
Dufour Jean-François, 21 mars 1821.
Reynard Eugène-Modeste-Félicité, 21 décembre 1846.
Lasserre Pierre-Léon-Auguste-Marie, 14 avril 1851.
Cadot Louis, 23 janvier 1889. Étude rachetée en 1892 par
les six autres confrères.

VII

Mes Rebours Toussaint-Zénon, 27 mai 1812.
Cholet Maurice, 14 décembre 1818.
Bousset, 21 août 1821.
Godin Jules, 12 septembre 1845.
Delaporte Paul-Jean-Baptiste, 4 novembre 1873.
Loir Gaston, 4 novembre 1903.

VIII

Mes Durantin, 26 décembre 1812.
Berthon Pierre-Auguste, 1er février 1829.
Themry Jean, 2 février 1841.
Delgove Paul-Emile-Ernest, 1869.
Démelin Auguste-Emile, 25 août 1874.
Escavy Louis-Lazare, 4 août 1897.

NOTICE BIOGRAPHIQUE

sur M. Amédée MARGRY

Je croirais manquer à un devoir, si je ne payais à la mémoire du collègue éminent que nous venons de perdre le tribut des regrets du Comité. Il y a dans cet usage, qui existe dans toutes les Sociétés, un témoignage de confraternité, d'autant plus touchant qu'il semble prolonger au-delà de la tombe les liens qui nous ont unis ; toujours aussi, la vie de ceux qui ne sont plus fournit d'utiles enseignements à ceux qui restent. Cela est vrai surtout lorsque cette vie a été pleine de jours utilement remplis, lorsqu'elle s'est écoulée au milieu de l'estime et de la considération de tous, et qu'arrivée à la limite qui en arrête le cours, elle s'éteint, sans avoir perdu aucune des sympathies qu'elle avait su mériter.

Telle fut l'existence de M. Margry, homme de bien par excellence, toujours disposé à mettre au service de ses concitoyens sa profonde expérience des choses de la vie ; sa grande aménité, la simplicité bien connue de ses manières, rendaient son accueil aussi agréable que facile. Si j'avais, en effet, à apprécier d'un mot le caractère de M. Margry, je dirais de lui qu'il possédait, au plus haut degré, le talent, plus rare que jamais, de savoir être aimable. Pour ma part, je ne saurais oublier que, le jour où je reçus le titre de membre de notre Comité, je fus accueilli par M. Margry avec la plus gracieuse obligeance. Il voulut bien me donner d'utiles conseils et de précieux encouragements, pour lesquels je suis fier de témoigner ici ma reconnaissance la plus sincère et la plus déférente.

M. Margry (Amédée-Alexandre), fils du sympathique notaire de Louvres, n'était pas né à Senlis, mais il avait fait de cette ville sa patrie d'adoption. Ces liens, plusieurs d'entre nous le savent par expérience, ne sont ni moins chers ni moins vivaces que ceux qui nous attachent à notre patrie d'origine. D'ailleurs, comment M. Margry n'aurait-il pas aimé Senlis, qui a été de si bonne heure pour lui l' « *Alma Mater* » en second. Il avait à peine sept ans que M. l'abbé Poullet, fondateur de Saint-Vincent, l'accueillait pour *son cinquième élève, en* 1835. Lors de la première visite faite à l'Etablissement par l'évêque de Beauvais, Mgr Gignoux, sa physionomie ouverte, sa bonhomie native, tout l'ensemble de sa personne, y compris son costume, fait d'une étoffe à carreaux de couleur, le firent remarquer par le paternel prélat, qui, à partir de ce jour, l'appela familière-ment « son petit Ecossais ».

De rapides et brillants succès récompensèrent bien vite ses efforts, et signalèrent l'écolier à l'estime et à l'affection de ses maîtres. Son mérite s'imposait en même temps à ses condisciples, qui ressentirent pour lui un attachement presque respectueux. Cet attachement fondé sur les agréments de son esprit, en même temps que sur la bonté de son caractère, ne s'est jamais démenti depuis cette époque, et s'est transformé, plus tard, en une fidèle et inaltérable amitié. Une heureuse mémoire, la rapidité de la conception, le goût naturel des belles choses, si en harmonie avec le culte du bien, un esprit droit, ferme, s'attachant sans effort au vrai, tels étaient les heureux dons qu'il apportait à ses études. L'imagination même chez l'adolescent était déjà réglée ; son intelligence n'était pas moins apte à saisir les démonstrations des sciences exactes, qu'à ressentir la beauté des chefs-d'œuvre de la littérature et des arts ; et il aimait d'une égale ardeur les recherches pénibles des mathématiques et les délicates sensations que produit la lecture des poètes ou des orateurs classiques. Avec de telles facultés, son instruction fut rapidement terminée. Le diplôme de bachelier en fut le couronnement. Notons qu'à cette époque, à Saint-Vincent aussi bien que dans les autres maisons similaires du diocèse de Beauvais, le baccalauréat n'était guère en faveur (pourquoi ?) ; aussi les élèves qui sortaient bacheliers étaient-ils assez rares. Devant lui, désormais, par le privilège de cette distinction, plus d'une carrière brillante s'ouvrait pleine d'espérances séduisantes et de promesses bien dignes de l'ambition d'un jeune homme. Les écoles du gouvernement ou le barreau attirèrent un moment, non ses désirs, mais sa pensée ; le barreau surtout lui offrait une occasion certaine de succès, où sa parole facile, son esprit plein de ressources, sa dialectique abondante lui promettait un avenir magnifique ; mais ce ne fut là dans son âme qu'une idée fugitive, dont nous avons reçu la confidence ; son penchant naturel l'appelait à une carrière en apparence plus modeste, mais non moins utile en réalité. Il résolut de s'adonner à l'agriculture.

Après un stage de plusieurs années d'apprentissage à Saint-Leu-d'Esserent, en la ferme de M. Mancheron-Herbet, professionnel en renom, il n'hésita pas de s'expatrier en Angleterre, dans le but de se familiariser avec la pratique agricole de ce pays, qui passait alors pour avoir quelque avance sur le nôtre en la matière. De retour en France, il se mit en mesure d'exploiter l'important domaine de Sammeron, près de La Ferté-sous-Jouarre. Avec un tel maître, les vieilles routines d'autrefois furent vite mises de côté, puis abandonnées complètement ; tous les perfectionnements français, anglais, voire même américains furent recherchés avec soin et adoptés ici d'une façon pratique ; son ingénieuse initiative contribua fortement à implanter les nouvelles méthodes et à régulariser, dans la contrée, les connaissances qui se rattachent à l'élevage, l'entretien et la conservation des animaux domestiques.

En 1850, il avait épousé, en l'église cathédrale, Mlle Sophie Herbet, d'une ancienne et très honorable famille du Senlisis. A différentes époques, des membres de cette famille ont occupé les postes de maire ou d'adjoint. Le 28 juin 1815, pendant l'occupation allemande, M. Bibentrop, intendant général des armées prussiennes, nomme M. Turquet (Victor) comme maire de Senlis et sous-préfet provisoire de l'arrondissement, avec

M. Herbet père, négociant, et M. Dupuis, notaire, comme 1er et 2e adjoints.

Après dix-sept ans d'une union contractée sous les auspices les plus favorables, désolé que la Providence n'ait point accordé à son foyer de continuateur de son œuvre, il laisse, bien à contre cœur, entre des mains étrangères cette ferme qu'il était venu à bout de transformer et de mettre en valeur, au prix de tant de fatigues et de peines ; à la veille de jouir du fruit de ses efforts, il renonce à une profession qu'il aimait sincèrement et qu'il avait su grandement honorer. Toutefois, ce ne fut pas pour se laisser aller à un repos absolu, dont les loisirs stériles auraient trop pesé à son activité, mais pour s'occuper de ce qui touchait aux intérêts, au bien-être et à l'honneur de ses concitoyens.

Premier magistrat de Sammeron durant tout le temps de son séjour dans cette commune, il apporta dans ses fonctions un zèle et un désintéressement au-dessus de tout éloge. Et, ce qu'il fut comme maire de Sammeron, il le fut bientôt dans notre cité senlisienne comme membre de la Société de secours mutuels de Saint-François-Xavier, de l'Association des Ecoles Libres et de toutes les corporations utilitaires en général. Recherchant en tout le plus grand bien, son âme d'élite eut vite fait de voir dans le Comité une institution qui, en travaillant à ressusciter les vieilles traditions, à faire connaître les antiques monuments du pays, ne devait pas être inutile à ses intérêts présents. Retrouver dans l'histoire les traces trop effacées d'un passé qui eut sa grandeur et même sa gloire, ne lui paraissait pas indifférent, et voilà pourquoi nous voyons son nom inscrit sur notre liste dès 1867, c'est-à-dire dès sa rentrée à Senlis. Aussitôt qu'il eut goûté le charme de nos études, on l'a vu toujours fidèle aux réunions, tant que sa santé lui a permis d'y assister, prendre part à nos discussions avec cette douce autorité de l'expérience que les qualités personnelles de M. Margry rendaient plus acceptable encore.

Ce n'était pas seulement un archéologue ou, si vous aimez mieux, un antiquaire dans le sens classique et rigoureux du mot, mais un savant admirateur du beau, qui avait pour l'art et pour tout ce qui touche à son histoire, un goût vif et éclairé ; il en aimait les chefs-d'œuvre et c'est en connaisseur très entendu qu'il nous parlait de certains de ces chefs-d'œuvre qu'il lui fut donné d'admirer dans son séjour en Angleterre, prouvant ainsi que son voyage à l'étranger n'avait pas été pour lui un simple voyage d'affaires et d'intérêt ; il avait réellement vu, comparé, étudié. Je trouve une nouvelle preuve de cet amour du beau que possédait notre regretté confrère, dans le soin qu'il mettait à recueillir les objets qui pouvaient le satisfaire, aussi bien que dans les sacrifices qu'il ne craignit pas de s'imposer pour restaurer et orner l'immeuble qu'il habitait, rue des Cordeliers, maison historique, appelée autrefois « *Hostel du Flamant* ou *du Flamenc* » et que Graves décrit ainsi : « L'hôtel occupé par la sous-préfecture, rue du Temple (à présent rue des Cordeliers), a un escalier en tourelle, dont la porte est décorée d'une ogive tribolée simulée ; le toit est un cône de pierre ; le reste, qui date certainement du xiiie siècle, a été remanié ».

Ajoutons que cette maison, entretenue avec autant de soin que de goût, se recommande encore par quelques beaux spécimens de l'architecture civile du xive siècle.

M. Margry n'avait pas de collection dans le sens scientifique du mot ; on peut dire, cependant, qu'il possédait un médailler fort intéressant par les pièces qu'il renferme, et dont quelques-unes ont véritablement du prix. Sa bibliothèque, riche en manuscrits anciens et volumes d'une certaine rareté, témoigne également de sa passion pour les livres.

En 1902, pour ainsi dire au lendemain de leurs noces d'or, le Seigneur rappela à lui la digne compagne de sa vie, celle qui, pendant plus d'un demi-siècle — 52 ans durant — fut toujours aussi empressée à lui plaire. La foi profonde de M. Margry put seule le consoler dans son chagrin et relever son courage un instant abattu par la perte d'une épouse bien-aimée et adorée : « Je ne suis plus de ce monde », répétait-il sans cesse aux personnes qui venaient lui offrir leurs condoléances ; c'est alors que pour tromper sa solitude, il redoubla d'ardeur à l'étude ; il est à remarquer d'ailleurs que la période de son veuvage fut, pour lui, l'époque la plus féconde au point de vue littéraire.

Homme d'un grand labeur et d'une profonde érudition,

M. Margry a traité des sujets aussi nombreux que variés. Ses différents écrits ont été publiés, soit à la suite des comptes rendus de nos séances, dans nos bulletins, soit ailleurs. Notre studieux collègue avait acquis, par son jugement, par la sûreté de sa critique, un rang hors pair, surtout dans ses travaux d'histoire locale, et notamment sa volumineuse étude sur les Baillis de Senlis restera comme un monument de patiente et exacte érudition. Mais s'il avait pour les questions d'archéologie et d'histoire un goût passionné, son amour de tout ce qui est vrai, beau et bien, le portait également, comme par instinct, à chérir par-dessus tout la nature, telle que Dieu l'a faite. Voilà pourquoi il faisait de nos idéales forêts sa retraite favorite. Chaque jour, autant dire à la même heure, on le voyait, dans un équipage moyenâgeux devenu légendaire, aller dans les bois pour y chercher le calme et la solitude qui convenaient à son tempérament de terrien.

Cette page de l'existence de M. Margry est interprétée de façons bien différentes par certains critiques indiscrets ou curieux, intrigués de connaître l'emploi de son temps durant ces longs après-midi qui vont du printemps jusqu'à l'automne ; souffrez donc que j'expose, sous bénéfice d'inventaire, les diverses opinions forgées par les circonstances.

Pour d'aucuns, pour les profanes, c'était, soit dit avec tout le respect qu'il convient, « l'homme des bois », le « paysan du Danube », d'une singularité un peu étrange, vivant (pour ainsi dire en misanthrope) tout à sa guise et à sa fantaisie, dans une cabane à la Jean-Jacques. Pour d'autres plus indulgents, pour ceux qui connaissaient le caractère foncièrement religieux de M. Margry, c'était plutôt l'anachorète, méditant à l'air libre au sein des merveilleuses grandeurs de la Nature ; il me semble le voir en extase devant la flore luxuriante de nos riches forêts, aux senteurs parfumées, au coloris nuancé à l'infini, poursuivant du regard le léger papillon qui voltige de fleur en fleur, prêtant l'oreille au doux murmure de l'insecte bruissant sous la mousse, savourant le gazouillis des oiseaux qui sautillent à travers les branchages, observant le cri des animaux abrités dans la futaie, s'ingéniant à interpréter leur langage, étudiant la vie et les mœurs de ces milliers de créatures du Bon-Dieu, qui ont chacune leurs fonctions propres et leur rôle particulier ; enfin pour moi, si j'osais parler sans figure, c'était le « philosophe en sabots », peu soucieux des apparences, donnant libre cours à son imagination rêveuse, dans la pénombre des sous-bois recueillis, laissant son âme sentimentale chercher ses inspirations sous ces voûtes majestueuses et pleines de mystère.

Une fois l'arrière-saison arrivée, lorsque les arbres avaient dépouillé leur ramure, aussitôt que les taillis cessaient d'être couverts, que les fourrés devenaient pénétrables, alors c'était l'intrépide disciple de saint Hubert, sacrifiant au plaisir de Diane, à la passion de Nemrod, et s'adonnant à cœur-joie et sans relâche, contre vents et marées, à son exercice préféré de la chasse sous toutes ses formes.

La longue vie de M. Margry, depuis la Restauration jusque passé de trois ans l'armistice de 1918, qui mit fin à la grande guerre, lui fit connaître toutes les évolutions politiques, sociales et autres de notre pays ; il avait surtout souffert de ses épreuves, en 1870 d'abord, et beaucoup plus en 1914, où il a couru les plus grands dangers, en affrontant l'insolence des barbares avec autant de dignité que de courage. La victoire de nos armes a réconforté son patriotisme et lui a fait oublier rapidement les pénibles souvenirs antérieurs. Dans sa grande charité, il se réjouissait à la pensée que l' « union sacrée », qui venait d'être officiellement proclamée partout, ne resterait pas à l'état de vaine et simple formule.

C'est ainsi que s'acheva la carrière de cet homme droit, sincère, généreux, qui voulait le bien et savait le faire. Il était beau de le voir, il y a quelques mois à peine, dans toute la plénitude de son intelligence qu'il a gardée entière jusqu'à la fin, marchant avec une grâce jeune encore, malgré ses 92 ans, au milieu de ces deux excellentes filles, dont il fut le bon oncle et pour ainsi dire le père en affection, qui faisaient à sa vigoureuse vieillesse un doux et prévenant soutien. Mais tout doit finir ici bas ! Heureux ceux qui, comme M. Margry, laissent après eux, avec une mémoire vénérée, des parentes qui savent en conserver le respect et l'honneur ! Plus heureux encore ceux qui, en quittant ce monde où nous ne faisons que passer, peuvent espérer une vie meilleure que la foi chrétienne assure à ceux qui, comme lui, en reconnaissent et en pratiquent les devoirs !

Citons parmi ses nombreux travaux d'archéologie et d'histoire : *Biographie d'Afforty. Ses travaux*, 1878. — *L'inventaire après le décès d'Afforty ; Notice sur la maison canoniale qu'il habitait*, 1879. — *Notice sur les catalogues historiques d'Afforty.* — *Tableau des Echevins de Senlis, depuis l'établissement de la Commune*, 1879. — *Liste des Maires de Senlis*, 1880. — *Pierre Séguin, ligueur, reclus et écrivain (1558-1636)*, 1896. — *Rapport sur l'ensemble des travaux exécutés aux Arènes.* — *Objets trouvés aux Arènes*, 1885. — *Les Le Flammenc, seigneurs de Canny et de Varesnes*, 1889. — *Les Baillis de Senlis. Rôle des Baillis et de leurs lieutenants*, 1897. — *Liste des Baillis de Senlis*, 1900. — *Les Baillies royales.* — *Recherches sur les origines des grandes Baillies royales*, 1902. — *Rapport sur les fouilles de Sainte-Génisse, à Mont-l'Evêque*, 1902. — *Etude sur les Présidiaux*, 1903. — *Moulin de Saint-Etienne ou de Saint-Vincent ; Gué et Pont de Saint-Etienne*, 1904. — *La Confrérie de Saint-Fiacre à Senlis et la paroisse Saint-Etienne à Senlis*, 1905. — *Le chirurgien Lecat, correspondant de Voltaire*, 1906. — *Deux mariages à Senlis sous la Terreur*, 1907. — Dix séries de notes pour servir à l'histoire de Senlis. — 1re série : *Anecdotes historiques sur la ville de Senlis.* — 2e série : *Une page de notre histoire locale, XVIIe siècle.* — Les autres séries traitent de l'histoire de Senlis depuis l'année 1750 jusqu'à l'année 1793. — *Senlis sous la Terreur, 1793-1794.* — *Senlis sous le Consulat et l'Empire, 1799-1815.* — *Senlis sous la Restauration, 1815-1830.* — *L'Eglise de Senlis de 1795 à 1810.* — *Historique de la Châsse de Saint-Rieul à travers les âges.*

A. CAVILLON.

NOTICE BIOGRAPHIQUE

sur M. le Comte de Caix de Saint-Aymour

———

La séance du 10 février 1921 s'est ouverte sous de bien regrettables auspices ! En moins de deux mois, notre Compagnie a été douloureusement éprouvée par la perte de deux de ses membres les plus anciens, M. Margry et M. le comte de Caix de Saint-Aymour, qui étaient, en même temps, les deux vice-présidents de notre Société.

Après avoir rendu à celui qui était notre doyen, l'hommage de notre sympathique souvenir et lui avoir donné un témoignage public de notre reconnaissance, il n'est pas moins juste de payer un tribut d'éloges et de regrets à la mémoire de celui que nous pleurons aujourd'hui comme l'unique patriarche qui nous restait !

M. de Caix est mort à Paris, dans le courant de décembre dernier. Depuis plusieurs mois, la maladie le tenait éloigné de nous, et ce n'est pas sans une réelle tristesse que nous constations l'absence de cet esprit si brillant et si courtois, qui apportait à nos séances un charme tout particulier.

Le comte de Caix de Saint-Aymour (Victor-Amédée) naquit à Senlis, le 26 avril 1843 ; il passa toute sa jeunesse au château d'Ognon, entouré de la glorieuse mémoire des de La Fontaine, seigneurs de la baronnie d'Ognon au XV⁰ siècle, et dont l'un des descendants, Arthus de La Fontaine, obtint la charge de lieutenant général de l'Ile-de-France.

C'est dans ce cadre enchanteur qu'il a grandi, sous ces

merveilleux arceaux créés par Le Nôtre, sur les rives du beau lac, au nom symbolique « *le Miroir* » qui, comme l'histoire, reflète les grands souvenirs. Ses études, commencées au collège Saint-Vincent de Senlis, furent terminées à Paris. Elève de l'Ecole des Chartes, de l'Ecole des hautes études et de l'Ecole des langues orientales vivantes, il suivait en même temps les cours de la Faculté de droit. Après de si complètes etudes, il se fit inscrire au barreau de Paris ; puis, changeant brusquement de carrière, il se tourna exclusivement vers la Littérature.

Il débuta comme publiciste et publia de nombreux articles et mémoires dans la *Revue Bleue*, dans la *Revue des Deux Mondes*, etc... ; il se classait déjà parmi ces écrivains consciencieux, qui ne livrent rien au public qui ne soit pensé, médité, mûri, ciselé ; aussi, son nom ne tarda pas à être hautement apprécié dans le monde des lettres. La guerre franco-allemande de 1870 survint ; elle excita en son âme intrépide et généreuse un levain d'action militaire. Dès le début des hostilités, avant même l'investissement de Paris, il s'engagea dans la Garde Nationale à cheval, dont le rôle consistait, principalement, à porter sur les champs de bataille ou aux avant-postes, des ordres aux officiers supérieurs. C'était, on le voit, une mission parfois dangereuse. Il prit part aux combats près de Paris ; puis, enfermé dans la capitale durant la Commune, il s'était ingénié à organiser un moyen de correspoudance, à l'aide d'un émissaire de Fleurines qui a réussi souvent à passer les lignes ennemies. Après la signature de la paix, le jeune volontaire revint dans sa propriété d'Ognon, où il ne s'occupa plus que d'exploitations agricoles et d'études économiques.

Mis par là-même en contact journalier avec la population, il fut vite aimé de ses concitoyens, si bien qu'aux premières élections qui suivirent, ses compatriotes rendirent hommage à ses grandes qualités en le nommant conseiller général de l'Oise, pour le canton de Pont-Sainte-Maxence. Dès son arrivée à l'Assemblée départementale, M. de Caix reçut l'accueil le plus flatteur de ses collègues, et conquit rapidement leur estime et leur confiance. Il fut bientôt choisi par eux pour présider la Commission importante des finances et la Commission des monuments ; après avoir longtemps rempli les fonctions de secrétaire, il devint vice-président de l'Assemblée départementale, où il brilla par ses travaux à maintes reprises ; . on n'a pas oublié la grande part qu'il prit aux affaires du pays, pendant une période d'au moins vingt années, et je n'ai pas à rappeler, ici, les services de toutes sortes rendus alors par lui aux villes de Senlis et de Pont, ainsi qu'à toutes les communes de l'arrondissement. Patriote sans ambition, et dédaigneux des louanges, il a cessé de se présenter aux élections de 1883. C'est la raison pour laquelle il refusa un peu plus tard la candidature à la députation qui lui fut offerte dans un département voisin.

Vers 1882, M. de Caix fut chargé, par le Ministère de l'Instruction publique, d'une mission dans les pays Sud-Slaves de l'Austro-Hongrie. Là encore, il montra un réel talent diplomatique, et c'est avec la plus grande distinction et un tact parfait qu'il servit la France à l'étranger, comme il avait su la servir à l'intérieur ; au cours de sa délicate mission, il traversa les circonstances les plus difficiles, sans jamais rien perdre de l'estime et de la sympathie de tous ; toujours il mérita la meilleure considération de ses supérieurs. M. de Caix a publié les résultats de sa mission dans les ouvrages fort bien documentés qui suivent : *Les Pays Sud-Slaves de l'Austro-Hongrie, Croatie, Slavonie, Bosnie, Herzégovine, Dalmatie,* 1883.

Une fois rentré dans la vie privée, il s'adonna, plus que jamais, à son penchant naturel, c'est-à-dire qu'il ne songea plus, désormais, qu'à consacrer ses loisirs à la culture des belles lettres et à la recherche du beau, partout où il pourra le rencontrer ; l'amour d'une plus grande science, le désir de prendre ses informations à bon escient, et de puiser, autant que possible, ses documents à leur vraie source, le portèrent à partager son temps entre les livres et les voyages.

On le voit successivement : au Soudan, dans la Sénégambie en 1884 ; en Ethiopie, en Abyssinie en 1886 ; en Grèce, en Italie en 1889 ; en Espagne et au Portugal en 1891 ; en Algérie et dans la Kabylie en 1893 ; en Belgique et dans les Pays-Bas, où il fit de longs et fréquents séjours. Il résuma quelques-unes de ses impressions de voyage dans plusieurs rapports justement estimés : Notes sur quelques Lécythes blancs d'Erétrie. — Les intérêts français au Soudan Ethiopien. — La France en Ethiopie. — Questions algériennes : Arabes et Kabyles. —. Recueil d'instructions données aux Ambassadeurs de France en Portugal. — Etudes coloniales. — Indes néerlandaises et les nouveaux Protectorats français.

Entre temps, il collabore à la *Grande Encyclopédie*, avec autant de patience que d'acharnement ; ce qui ne l'empêche pas de faire paraître encore quantité d'ouvrages scientifiques ou littéraires, tels que : *La. question de l'enseignement des langues classiques et des langues vivantes au Sénat et devant l'opinion publique. — La langue latine étudiée dans l'unité indo-européenne : histoire, grammaire, lexique. — Le plébiscite et l'hérédité. — Annuaire des sciences historiques, bibliographie des ouvrages d'érudition. — Indicateur de l'archéologue et du collectionneur. — Le musée archéologique ; Recueil des monuments*, etc...

La grande guerre de 1914 avait profondément ému son âme. A l'armistice, il se rendit à Noyon, étudier sur place les traces de la ruée allemande. Son récit, animé du sentiment patriotique le plus pur, est un document fort sérieux, en même temps qu'un réquisitoire accablant pour nos barbares ennemis, qu'il met à jamais au ban des nations civilisées.

Vers 1868, M. de Caix avait épousé Berthe La Beaume de Tarteron. Jusqu'en l'année 1917, époque à laquelle il devint veuf, il goûta un bonheur domestique inaltérable, celui qui naît de la communauté parfaite des joies de l'esprit et des élans du cœur. De cet heureux mariage étaient nés trois enfants : Louis-Ernest-Marie-Robert, 1869 ; Hélène-Marie-Louise-Marguerite, 1870, qui a épousé Raoul de Thomasson ; et Berthe-Marie-Jeanne-Hélène, 1874.

M. le comte de Caix eut de grandes épreuves dans sa vie. Ce n'était pas assez d'avoir perdu prématurément deux des siens le plus tendrement aimés ; des malheurs d'un autre ordre vinrent inopinément fondre sur lui, et il eut à lutter contre des ribulations aussi diverses qu'imméritées ; grâce à Dieu, il tint tête à l'orage, il supporta tout avec la sérénité d'un parfait gentilhomme, avec le stoïcisme du chrétien résigné ; malgré bien des douleurs et bien des vicissitudes, il sut toujours vivre noblement.

Officier d'Académie, M. de Caix était aussi décoré de plusieurs ordres étrangers.

Vous comprendrez, Messieurs, que j'ai rappelé en M. de Caix l'homme serviable par excellence, dévoué corps et âme à la chose publique, s'inspirant sans cesse de cette belle maxime : « On n'a jamais fini de faire son devoir », et se conformant, en tout, à ce que lui dictaient sa droiture et sa bonté. Il me reste, à présent, à considérer le savant spirituel qui fut notre sympathique confrère.

M. de Caix faisait partie de notre Société depuis son origine. Son amour et son admiration pour son pays natal l'avaient tout naturellement incliné à favoriser la création d'une Compagnie qui avait pour but, en étudiant le passé de notre cité senlisienne si riche en souvenirs, de faire comprendre et aimer ce pays par un plus grand nombre. Agé de vingt ans à peine, mais déjà distingué par la maturité de son esprit autant que par la variété de ses connaissances, il fut pour ainsi dire deviné par les premiers promoteurs de la Société, M. Peigné-Delacour et M. l'abbé Magne. Ces deux hommes de génie, habiles à juger les compétences, n'hésitèrent pas à l'associer, malgré sa jeunesse, à leurs travaux du début. Nous verrons bientôt comment notre jeune adolescent a su se montrer digne de cette marque de confiance, qui était en même temps une grande marque d'honneur. Parmi ses souvenirs d'antan, M. de Caix aimait à rappeler certains épisodes qui s'étaient produits dans les premières années.

« Pardonnez au vétéran, disait-il en la fête du Cinquantenaire « du Comité, excusez le radotage de « l'ancien » qui s'attarde « volontiers à parler de ses vingt ans. .....Je me souviens encore, ajoutait-il, de la première séance préparatoire, tenue dans le cabinet de M. l'abbé Magne, supérieur de Saint-Vincent. Aucune maison ne pouvait être mieux choisie pour servir de lieu d'éclosion à une œuvre comme la nôtre, que cette vieille abbaye royale, qui, depuis sa fondation au XI⁰ siècle, a toujours contribué à l'éclat de notre petite Cité par l'importance de ses œuvres, la notoriété de ses abbés et la science de ses moines, et qui, il y a cinquante ans comme aujourd'hui, était un lumineux foyer d'études, depuis l'abbé Poullet, un des précurseurs de la liberté de l'enseignement, dont l'abbé Magne était en 1862, après l'abbé Bessières, le digne continuateur. »

Rien que par ce passage, il est loisible de conjecturer ce qu'était l'archéologue en lui : c'était évidemment l'artiste. Chez M. de Caix on distinguait sans peine une âme naturellement éprise du beau dans ses manifestations les plus élevées, mais aussi les plus diverses. Un beau vers bien tourné, une belle pensée joliment habillée, un bon tableau finement brossé excitaient en lui de délicates sensations qu'il rendait avec un charme infini. Ce qu'il aimait dans les monuments du passé, c'était moins leur antiquité que leur forme et leur ordonnance ; s'il s'arrêtait avec plaisir à décrire les détails d'une construction, les particularités d'une statue, c'est qu'il admirait dans ces détails l'inspiration souvent parfaite, parfois naïve de l'architecte ou du sculpteur qui a conçu ou exécuté l'œuvre. Arracher leur secret aux siècles écoulés, renouer la chaîne des traditions, reconstituer la vie de ceux qui nous ont précédés sur le coin de terre que nous habitons, et montrer aux vivants d'aujourd'hui par quels liens ils tiennent aux morts d'autrefois ; telle était, pour lui, la manière de concevoir la mission de l'archéologue ; c'est ainsi qu'il interprétait la noble et profonde devise du Comité : « *Antiquam exquierere Matrem* ». Depuis 1862, jusqu'à sa mort, survenue à la fin de 1920, c'est-à-dire pendant près de soixante ans, M. de Caix n'a jamais cessé de mettre à la disposition du Comité les ressources si variées et si fécondes de ses connaissances, soit qu'il s'agit d'archéologie, d'histoire, de numismatique, de bibliophilie, soit qu'on fît appel à son savoir si complet de l'art héraldique, ou à son goût délicat pour les questions intéressant ce qu'on appelle les Beaux-Arts ; vous savez avec quel bon sens, avec quel à-propos il prenait part, quand c'était nécessaire, à nos discussions archéologiques. Personne n'eut mieux que lui la qualité si précieuse et trop peu commune de maintenir résolument son opinion en face d'une opinion contraire, sans blesser l'adversaire qu'il était obligé de combattre ; chez lui, la cordialité était à la hauteur de l'intelligence, et la valeur du polémiste s'alliait à la plus exquise courtoisie. Souvent délégué pour représenter le Comité aux réunions des Sociétés savantes des départements ou aux Congrès archéologiques, il excellait dans le rôle de rapporteur. On prenait plaisir à écouter ses comptes rendus, d'une impartialité absolue, pleins de souvenirs exacts et précis, écrits dans un style élégant, imagé dont la longueur, souvent inévitable, n'a jamais pu ennuyer personne.

M. de Caix était un bibliophile distingué ; il était de ceux qu'on a si justement appelés les « Amoureux du Livre ». Sa bibliothèque était immense ; il avait formé une très belle collection de reliures armoriées qu'il se plaisait à faire admirer ; il possédait un certain nombre d'ex-libris fort remarquables ; c'était en outre un sigillographe très expert, et sa collection de sceaux montrait les spécimens les plus rares.

Les communications si nombreuses et si intéressantes que M. de Caix nous apportait sont encore dans vos souvenirs, et nous sommes heureux de les retrouver dans la collection de nos publications. Permettez-moi de rappeler les plus importantes concernant particulièrement Senlis : *Mémoires sur l'origine de la Ville et du nom de Senlis, 1863. — Les Arènes de Senlis, 1876. — Hôtel de Rasse à Senlis, 1877. — La victoire de Bouvines, organisée par le chancelier Guérin, évêque de Senlis, 1880. — Le Beffroi de Senlis, 1892. — Guillaume de Chambly, évêque de Senlis, aux grands jours de Champagne du XIVe siècle, 1895. — Sources de l'Histoire du département de l'Oise, 1899. — Les Baillis de Senlis, 1896. — L'institution des Chevaliers de Saint-Louis à Senlis de 1815 à 1827. — Sceau de Pierre Poussin, chantre de Senlis au XIVe siècle. — Mausolée des Puget, 1903. — Saint Rieul en Basse-Normandie, 1910. — L'Eglise Saint-Rieul et le marquis de Villette, 1911. — Réduction du nombre des Notaires à Senlis, en 1775. — Dénombrement de l'Évêché de Senlis en 1383. — Topographie médicale de Senlis en 1785. — L'invasion des Hispano-Allemands à Senlis en 1652. — Correspondances d'Afforty, 1917. — Les Caves de Senlis des XIIIe et XIVe siècles. — La vie de Senlis au moyen-âge, racontée dans les Causeries du Besacier, 1892*, etc., etc...

Cette nomenclature, tout incomplète qu'elle est, montre, mieux que tout ce que l'on pourrait dire, de quelle façon ce fidèle Senlisien a su atteindre le but qui le préoccupait sans cesse, celui de faire aimer et bien connaître sa chère petite patrie, convaincu que l'amour de la grande patrie est la résultante de l'attachement qu'on a pour la petite.

Il convient de signaler également d'autres publications dont un certain nombre ont un véritable intérêt pour notre contrée : *Notices sur d'anciennes tombes trouvées dans le cimetière de Mont-l'Évêque, 1875. — Note sur l'emplacement de Litanobriga, 1876. — Pierre de La Fontaine, seigneur d'Ognon en 1520. — Hermitage de Saint-Martin d'Ognon, 1891. — Histoire du Prieuré de Saint-Christophe, 1881. — Temple de la forêt d'Halatte et ex-voto, 1884. — Le Valois sous Philippe-Auguste, 1890. — Baillis, gouverneurs du Valois, 1892. — Rôle de la noblesse du duché de Valois en 1591. — Les sires de Néry ; la Maison de Néry aux XIVe et XVe siècles, 1897-1898. — Les De Vic, vicomtes d'Ermenonville ; description de la terre et seigneurie d'Ermenonville au XVIIIe siècle, 1898-1899. — La seigneurie et le domaine de Bouillancy, 1895. — Plessis-Choisel, 1880. — Les Dîmes de Néry et le Prieur de Montépilloy, 1896. — Sceau de la Prévôté foraine de Crépy-en-Valois en 1401. — Les trois Jean de Crépy, clercs royaux au XIVe siècle, 1893, 1911. — Etudes sur quelques monuments mégalithiques de la vallée de l'Oise, 1875. — Une enquête judiciaire à Baron en 1480, 1903*, etc., etc...

Correspondant de la Société des *Antiquaires de Picardie*, de la Société de *l'histoire de Paris et de l'Ile-de-France*, membre de la Société des *Antiquaires de France*, de la Commission des Monuments historiques, etc., M. de Caix était un des membres actifs de ces savantes Compagnies et y tenait une place marquée. Jamais il ne manquait d'offrir à notre Comité un exemplaire des travaux qu'il publiait ailleurs.

C'est ainsi que M. Dupuis, notre président d'alors, rend compte d'un de ces ouvrages présenté en 1899 : « Notre honorable et savant confrère, M. de Caix de Saint-Aymour, a offert au Comité le premier volume de l'*Histoire illustrée de la France*, dont il est l'auteur en collaboration avec M. Albert Lacroix. Cet important ouvrage qui doit comprendre 20 volumes, est publié d'après les données nouvelles. Les auteurs ont voulu profiter des travaux et des découvertes qui, depuis cinquante ans, ont éclairé les sciences historiques. On connaît les patientes et laborieuses recherches qui ont été faites de nos jours, et les résultats se trouvent dans les bulletins des sociétés qui existent sur tous les points de notre pays, dans les nombreuses revues qui s'occupent d'études historiques. MM. de Caix et Lacroix, s'appuyant sur les nouvelles sources d'information, et après avoir contrôlé sur les originaux les documents mis à jour, ont donné à leur œuvre un intérêt considérable. Le texte est complété par de nombreuses illustrations qu'on rencontre presque à chaque page. Notre société a pu apprécier l'érudition de notre excellent confrère, et nous le félicitons de l'œuvre considérable qu'il a entreprise, nous le remercions de l'offre obligeante qu'il a bien voulu nous faire d'un volume, qui résume si bien les connaissances acquises sur le passé le plus lointain de notre pays. »

L'Académie Française a reconnu la valeur de cet ouvrage et l'a couronné. En 1919, M. André Michel, membre de l'Institut, qui fut le préfacier de M. de Caix pour son livre sur la famille des Boullongne, artistes et financiers aux XVII° et XVIII° siècles, fait ainsi l'éloge de notre confrère dans sa préface vraiment digne de l'ouvrage : « *Le Besacier*, à qui nous devons déjà tant de contributions utiles à l'érudition, célèbre « sa petite patrie » cette terre d'élection que domine la flèche de Senlis, ce chef-d'œuvre de l'esprit français, et où semble s'être localisées les plus exquises vertus et le charme le plus persuasif de la douce France... ; l'éminent historien de notre art national célèbre aussi cette partie de la Picardie d'où sa famille est originaire, et à laquelle il a, pendant plus d'un demi-siècle, voué son labeur d'historien, d'archéologue et d'érudit. »

Je ne dirai pas, Messieurs, parce qu'il faut éviter l'exagération, qui enlève toute autorité à la louange, que M. de Caix était comme ce légendaire savant italien de la fin du XV° siècle, qui passait pour posséder la science universelle ; mais ce que je puis dire ici, sans hyperbole, et en restant sur notre domaine archéologique, c'est qu'il était véritablement un « puits de science », une sorte « d'encyclopédie vivante » et autant dire — moins le froc, sans doute — un bénédictin parfaitement authentique. C'est qu'en effet, opiniâtre au travail, comme un vrai moine, et sachant réglementer toutes ses heures; notre pionnier parvint à rédiger plus de 20.000 pages, lesquelles, réunies en volumes, constitueraient une des plus belles bibliographies historiques et scientifiques d'une vie d'homme. Qu'il me suffise, en terminant, de rappeler que tout en appartenant à tant de grandes sociétés bien en vue, M. de Caix réservait à notre simple Comité une attention toute spéciale, dont nous avons le droit d'être fiers ; en récapitulant la longue liste des écrits de notre collègue, nous constatons, avec un légitime orgueil, que les pages concernant la région de Senlis sont de beaucoup les plus nombreuses.

C'est pourquoi, Messieurs, vous rendrez avec moi un dernier hommage aux vertus, au talent, au dévouement de ce distingué confrère, de cet ami fidèle, dont la perte nous est aujourd'hui si sensible. Il nous a donné une bonne part des trésors de son esprit, des affections de son cœur ; nous conserverons le pieux souvenir de celui qui fut, jusqu'au bout, l'âme de nos séances, l'un des piliers de notre Société, et que nous étions heureux de vénérer, pour ainsi dire, à l'égal d'une relique précieuse, comme étant le dernier survivant des fondateurs du Comité Archéologique de Senlis.

A nous, Messieurs, de ne pas laisser périr sa mémoire !

A. CAVILLON.

TABLE DES MATIÈRES

I

II

PROCÈS-VERBAUX

ANNÉE 1921

SÉANCE DU 13 JANVIER

SÉANCE DU 10 FÉVRIER

SÉANCE DU 10 MARS

SÉANCE DU 14 AVRIL

SÉANCE DU 12 MAI

SÉANCE DU 9 JUIN

SÉANCE DU 18 OCTOBRE

SÉANCE DU 10 NOVEMBRE

SÉANCE DU 8 DÉCEMBRE

ANNÉE 1922

SÉANCE DU 12 JANVIER

SÉANCE DU 9 FÉVRIER

SÉANCE DU 9 MARS

SÉANCE DU 20 AVRIL

SÉANCE DU 18 MAI

III

MÉMOIRES

PUBLICATIONS